Genussvolle SAC-Hütten

IMPRESSUM

Die Angaben in diesem Buch wurden mit grösstmöglicher Sorgfalt und nach bestem Wissen und Gewissen der Autorinnen und Autoren zusammengestellt. Eine Gewähr für deren Richtigkeit wird jedoch nicht gegeben. Die Begehung der vorgestellten Touren erfolgt stets auf eigenes Risiko. Fehlermeldungen und Ergänzungen bitte an:
Weber Verlag AG, Gwattstrasse 144, 3645 Thun/Gwatt, sac@weberverlag.ch.

Alle Rechte vorbehalten, einschliesslich derjenigen des auszugsweisen Abdrucks und der elektronischen Wiedergabe.

© 2024 Weber Verlag AG, CH-3645 Thun/Gwatt
1. Auflage

Konzept/Leitung: Annette Weber-Hadorn und Andreas Mathyer, Weber Verlag.
Texte: diverse Autorinnen und Autoren
Titelbild: Monica Schulthess Zettel
Bilder Inhalt: siehe Bildverzeichnis Seite 288
Karten: swisstopo

Weber Verlag AG
Gestaltung Umschlag, Satz, Gestaltung Karten: Salomé Mettler
Korrektorat: David Heinen

Der Weber Verlag wird vom Bundesamt für Kultur mit einem Strukturbeitrag für die Jahre 2021–2025 unterstützt.

ISBN 978-3-85902-492-2

www.weberverlag.ch

Schweizer Alpen-Club SAC
Club Alpin Suisse
Club Alpino Svizzero
Club Alpin Svizzer

Genussvolle SAC-Hütten

35 leichte Wanderungen
Berner Alpen I Wallis I Zentralschweiz

1. Auflage

WEBERVERLAG.CH

INHALTSVERZEICHNIS

Übersichtskarte	6
Gut zu wissen	8
SAC-Wanderskala	10
Sicher unterwegs	14
Umweltfreundlich unterwegs	16
Links, Apps und Telefonnummern	18
Berner Alpen	**20**
Gelmerhütte SAC (2412 m)	22
Windegghütte SAC (1886 m)	30
Bächlitalhütte SAC (2328 m)	38
Glecksteinhütte SAC (2316 m)	46
Balmhornhütte SAC (1956 m)	54
Doldenhornhütte SAC (1915 m)	62
Lämmerenhütte SAC (2507 m)	70
Wildstrubelhütte SAC (2793 m)	78
Cabane des Violettes CAS (2209 m)	86
Wildhornhütte SAC (2303 m)	92
Geltenhütte SAC (2002 m)	100
Cabane des Diablerets CAS (2486 m)	108

Walliser Alpen	**114**
Binntalhütte SAC (2267 m)	116
Monte-Leone-Hütte SAC (2848 m)	122
Weissmieshütte SAC (2726 m)	130
Täschhütte SAC (2701 m)	136
Turtmannhütte SAC (2519 m)	144
Schönbielhütte SAC (2694 m)	150
Cabane de Moiry CAS (2825 m)	156
Cabane du Mont Fort CAS (2457 m)	164

Zentralschweizer Alpen	**170**
Brunnihütte SAC (1860 m)	172
Rugghubelhütte SAC (2294 m)	180
Spannorthütte SAC (1956 m)	188
Sustlihütte SAC (2257 m)	196
Sewenhütte SAC (2150 m)	204
Voralphütte SAC (2126 m)	214
Chelenalphütte SAC (2350 m)	222
Dammahütte SAC (2439 m)	230
Bergseehütte SAC (2370 m)	238
Salbithütte SAC (2105 m)	244
Albert-Heim-Hütte SAC (2542 m)	252
Leutschachhütte SAC (2208 m)	258
Treschhütte SAC (1475 m)	266
Lidernenhütte SAC (1727 m)	272
Glattalphütte SAC (1898 m)	280

Berner Alpen

1. Gelmerhütte SAC (2412 m)
2. Windegghütte SAC (1886 m)
3. Bächlitalhütte SAC (2328 m)
4. Glecksteinhütte SAC (2316 m)
5. Balmhornhütte SAC (1956 m)
6. Doldenhornhütte SAC (1915 m)
7. Lämmerenhütte SAC (2507 m)
8. Wildstrubelhütte SAC (2793 m)
9. Cabane des Violettes CAS (2209 m)
10. Wildhornhütte SAC (2303 m)
11. Geltenhütte SAC (2002 m)
12. Cabane des Diablerets CAS (2486 m)

Walliser Alpen

13. Binntalhütte SAC (2267 m)
14. Monte-Leone-Hütte SAC (2848 m)
15. Weissmieshütte SAC (2726 m)
16. Täschhütte SAC (2701 m)
17. Turtmannhütte SAC (2519 m)
18. Schönbielhütte SAC (2694 m)
19. Cabane de Moiry CAS (2825 m)
20. Cabane du Mont Fort CAS (2457 m)

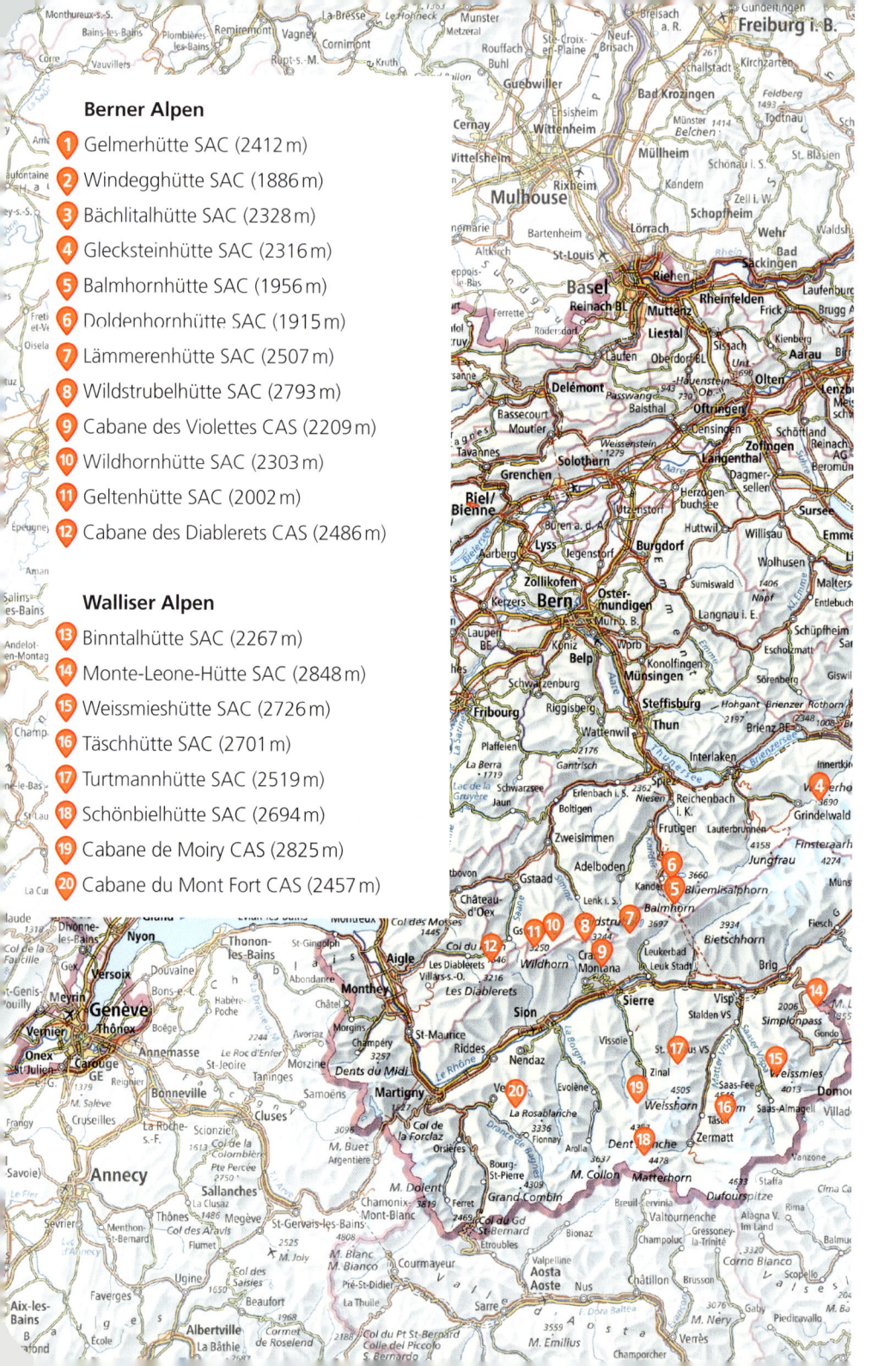

Zentralschweizer Alpen

- **21** Brunnihütte SAC (1860 m)
- **22** Rugghubelhütte SAC (2294 m)
- **23** Spannorthütte SAC (1956 m)
- **24** Sustlihütte SAC (2257 m)
- **25** Sewenhütte SAC (2150 m)
- **26** Voralphütte SAC (2126 m)
- **27** Chelenalphütte SAC (2350 m)
- **28** Dammahütte SAC (2439 m)
- **29** Bergseehütte SAC (2370 m)
- **30** Salbithütte SAC (2105 m)
- **31** Albert-Heim-Hütte SAC (2542 m)
- **32** Leutschachhütte SAC (2208 m)
- **33** Treschhütte SAC (1475 m)
- **34** Lidernenhütte SAC (1727 m)
- **35** Glattalphütte SAC (1898 m)

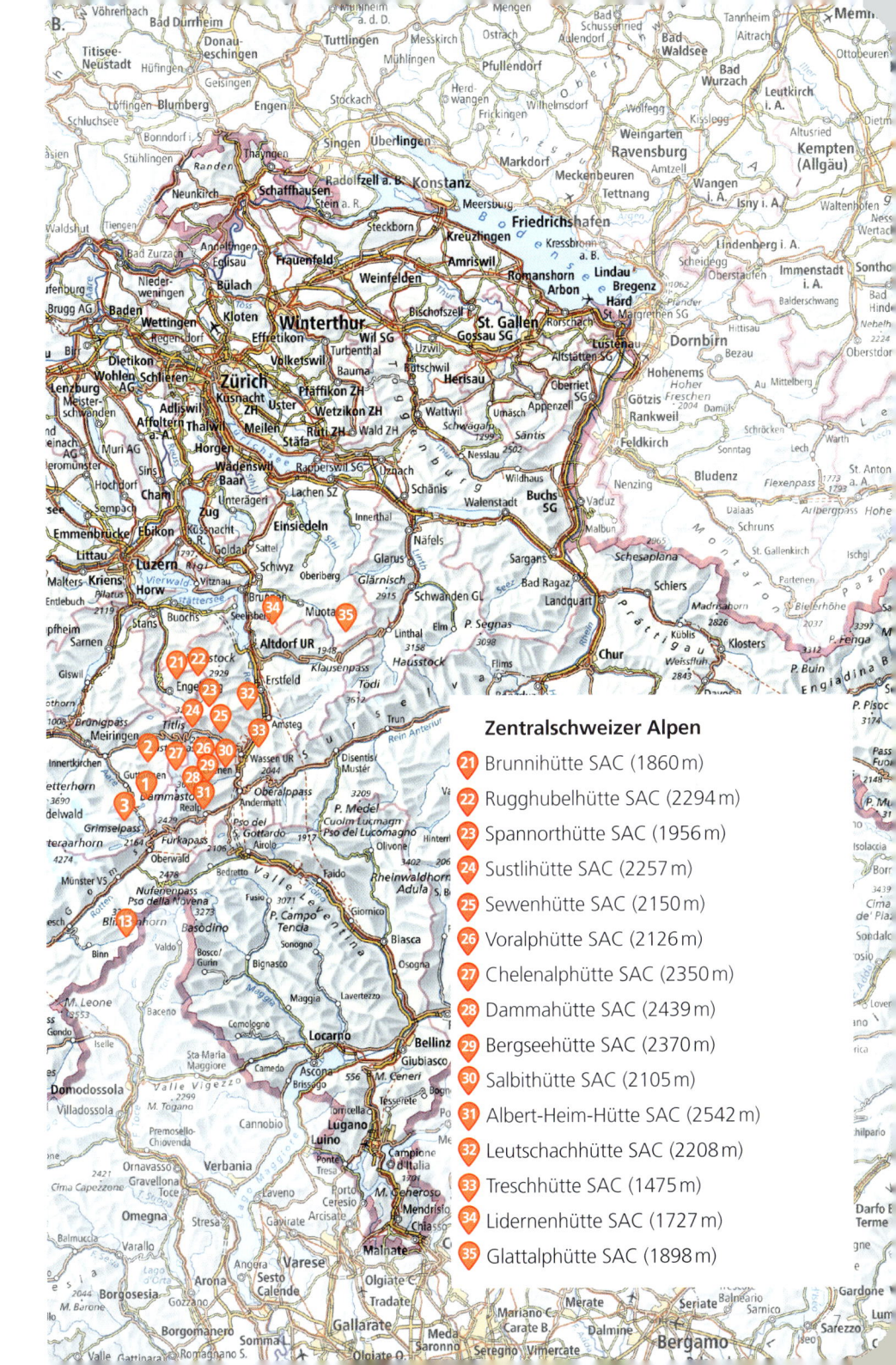

GUT ZU WISSEN

Auswahl der Hütten
Für dieses Buch ausgewählt wurden Hütten mit einer Zustiegszeit von maximal drei Stunden. Wobei die meisten Hütten in weniger erreichbar sind. Die Schwierigkeit der Wanderungen beträgt maximal T3 (Bergwandern) gemäss SAC-Wanderskala. Einige SAC-Hütten sind auch mithilfe von Bergbahnen mit einem kurzen Fussmarsch erreichbar.
Die ausgewählten SAC-Hütten sind für Wanderinnen und Wanderer mit einer durchschnittlichen Fitness in einer Tagestour erreichbar. Ein Ausflug mit Übernachtung ist und bleibt ein spezielles Erlebnis und lässt genug Zeit, das Hüttenleben voll auszukosten und die Umgebung zu geniessen.

Tourenplanung
Jede Tour muss eigenständig geplant werden. Die Zustiegsinformationen bei jeder Hütte unterstützen die Planung zu Hause. Via QR-Code erhält man Zugang zur Landeskarte mit eingezeichneter Route in der swisstopo-App, was die Orientierung unterwegs erleichtert. Wie viele andere Sportarten auch ist Wandern nicht ganz ohne Risiko. Dieses kann erheblich reduziert werden, wenn man sich der eigenen Fähigkeiten bewusst ist und Erfahrungswerte von schon gemachten Touren in die Planung miteinbezieht. Wichtig ist, die objektiven Gefahren (z. B. Gewitter) und die subjektiven Gefahren (z. B. ungenügende Ausrüstung) nach bestem Wissen einzuschätzen. Ausführliche Informationen zur Tourenplanung von Wanderungen finden sich im SAC-Ausbildungsbuch *Bergwandern / Alpinwandern*.

Abkürzungen, Piktogramme, Signaturen

T1–T6	Schwierigkeitsgrade der SAC-Wanderskala
h, min	Stunden, Minuten
Hm	Höhenmeter
N	Norden
S	Süden
O	Osten
W	Westen
🏠	SAC-Hütte
🚆	Zug
🚌	Bus
🚠	Seilbahn
🚃	Standseibahn
—	Hauptroute
....	Variante
>	Laufrichtung

Zeitangaben
Die Zeitangaben verstehen sich als reine Wanderzeit, also ohne Pausen. Je nach Quelle und deren Erhebungsmethode können die Angaben variieren. Durchschnittlich trainierte Wandernde legen beim Aufstieg pro Stunde 4 Kilometer Strecke und 350 Höhenmeter zurück. Beim Abstieg sind es 700 Höhenmeter. Das ideale Wandertempo hängt von vielen Aspekten ab. Dazu gehören Fitness, technische Fähigkeiten, Gruppenzusammensetzung und der Zweck der Wanderung.

Schwierigkeit
Für die Bewertung wird die SAC-Wanderskala verwendet (siehe Seite 10). Die Schwierigkeitsgrade T1 bis T6 (T für Trekking) reichen von leichten, flachen Wanderungen bis zu ernsthaften, alpinen Touren. Die hier beschriebenen Wanderungen zu den SAC-Hütten weisen maximal den Schwierigkeitsgrad T3 auf. Farbmarkierungen im Gelände lassen keine sicheren Rückschlüsse auf den effektiven Schwierigkeitsgrad zu. Bei ungünstigen Bedingungen (Eis, Schnee, Nässe, Nebel) nehmen die Schwierigkeiten rasch zu.

Karten und Routen
Das abgebildete Kartenmaterial stammt von swisstopo, Stand Juni 2024. Ortsbezeichnungen und Höhenangaben unterliegen Änderungen. Auf der swisstopo-Website finden sich interessante Informationen zur Landesvermessung und zur Namensgebung auf den Landeskarten. Auf den Übersichtskarten sind die Hauptrouten mit durchgezogenen, die Varianten mit gerissenen Linien eingezeichnet. Kleinräumige Varianten und solche schwieriger als T3 respektive mit langer Zustiegszeit sind nur im Text erwähnt. Die Laufrichtung ist mit einem Pfeil markiert. Für unterwegs empfiehlt sich die Mitnahme von swisstopo-Karten im Massstab 1:25 000 oder ein ausgedruckter Kartenausschnitt. Die für die Tour benötigten Kartenblätter sind im Routenbeschrieb aufgeführt.

QR-Codes
Via QR-Code erhält man Zugang zur swisstopo-App und zu den Karten mit den eingezeichneten Hauptrouten. Ist die Standortanzeige aktiviert, wird unterwegs die eigene Position direkt auf der Karte angezeigt. In der swisstopo-App lassen sich die Karten kostenlos speichern und offline nutzen. Damit ist die Ansicht auch bei schlechter oder fehlender Mobilnetz-Abdeckung möglich. Die Angaben im Buch können aufgrund der unterschiedlichen Erhebungsmethoden leicht von den Informationen in der swisstopo-App abweichen.

Öffnungs- und Bewartungszeiten
Die Öffnungs- und Bewartungszeiten können von Jahr zu Jahr variieren, denn sie sind witterungsabhängig. Gerade in den Zwischensaisons Mai/Juni und September/Oktober sollte man sich bei der Hütte oder auf deren Website über die Öffnungszeiten erkundigen.

🔴 Mai   Hütte geschlossen

🟢 Mai   Hütte offen und bewartet

🟡 Mai   Hütte teilweise geöffnet, aktuelle Informationen zu den Öffnungszeiten einholen

SAC-WANDERSKALA

Grad	Falls markiert	Typisches Gelände und mögliche Schwierigkeiten
T1	Wanderweg	Weg gut gebahnt. Falls vorhanden, sind exponierte Stellen sehr gut gesichert. Absturzgefahr kann bei normalem Verhalten weitgehend ausgeschlossen werden.
T2	Wanderweg	Weg mit durchgehendem Trassee. Gelände teilweise steil. Absturzgefahr nicht ausgeschlossen.
T3	Bergwanderweg	Weg nicht unbedingt durchgehend sichtbar. Gelände steil. Ausgesetzte Stellen können mit Seilen oder Ketten gesichert sein. Geröllflächen, leichte Schrofen. Eventuell braucht man die Hände fürs Gleichgewicht. Zum Teil exponierte Stellen mit möglicher Absturzgefahr.
T4	Alpinwanderweg	Wegspuren, oft weglos. Raues Steilgelände. Einzelne einfache Kletterstellen (I). Blockfelder. Steile Grashalden und Schrofen. Einfache Schneefelder. Gletscherpassagen, meist markiert. Exponierte Stellen mit Absturzgefahr.
T5	Alpinwanderweg	Wegspuren, oft weglos. Raues Steilgelände. Einfache Kletterpassagen (I–II). Anspruchsvolle Blockfelder. Sehr steile Grashalden und Schrofen. Steile Schneefelder. Gletscherpassagen, manchmal markiert. Exponiertes Gelände, über längere Strecken Absturzgefahr.
T6		Meist weglos. Ausgeprägtes Steilgelände. Längere Kletterstellen (II). Heikle Blockfelder. Äusserst steile Grashalden und Schrofen. Heikle Schneefelder. Gletscherpassagen. Sehr exponiertes Gelände, über längere Strecken erhöhte Absturzgefahr.

Anforderungen	Beispieltouren
Keine spezifischen Anforderungen. Orientierung problemlos, in der Regel auch ohne Karte möglich.	Mont Raimeux, Grubenberghütte, Vermigelhütte, Capanna Cadagno, Kronberg über St. Jakob, Rifugio Saoseo CAS
Elementare Trittsicherheit. Elementares Orientierungsvermögen.	Moléson, Turtmannhütte SAC, Bächlitalhütte SAC, Bergseehütte SAC, Capanna Campo Tencia CAS, Fridolinshütte SAC, Silvrettahütte SAC
Trittsicherheit. Durchschnittliches Orientierungsvermögen. Elementare alpine Erfahrung.	Chasseral via Combe Grède, Cabane d'Orny CAS, Glecksteinhütte SAC, Gross Mythen, Pizzo Centrale, Säntis ab Schwägalp, Zapporthütte SAC
Vertrautheit mit exponierten Passagen. Gute Trittsicherheit. Gutes Orientierungsvermögen. Alpine Erfahrung, elementare Geländebeurteilung. Elementare Kenntnisse im Umgang mit alpintechnischen Hilfsmitteln. Bei Wettersturz kann ein Rückzug schwierig werden.	Tour d'Aï, Mischabelhütte, Schreckhornhütte SAC, Uri Rotstock ab Musenalp, Bocchetta della Campala, Pizol, Capanna Sasc Furä CAS
Vertrautheit mit exponiertem Gelände. Sehr gute Trittsicherheit. Sehr gutes Orientierungsvermögen und Gespür für die Routenfindung. Vertiefte alpine Erfahrung, sichere Geländebeurteilung. Gute Kenntnisse im Umgang mit alpintechnischen Hilfsmitteln. Bei Wettersturz kann ein Rückzug sehr schwierig werden.	Dent de Brenleire arête NW, Stockhornbiwak SAC, Silberhornhütte SAC, Bristen, Pizzo di Claro Via Lumino, Säntis Chammhalden, Zervreilahorn (von Süden)
Vertrautheit mit sehr exponiertem Gelände. Ausgezeichnete Trittsicherheit. Sehr gutes Orientierungsvermögen und Gespür für die Routenfindung. Ausgereifte alpine Erfahrung, sehr sichere Geländebeurteilung. Versierter Umgang mit alpintechnischen Hilfsmitteln. Bei Wettersturz kann ein Rückzug sehr schwierig werden.	Dent de Brenleire–Dent de Folliéran, Tour Sallière, Fromberghorn NE-Grat, Schlieren Nordgrat, Cresta dei Corni (Pizzo Campo Tencia), Gams-Chopf Nordgrat, Glärnisch Guppengrat

SAC-Wanderskala: Erläuterungen

Abstufungen
Mit den Zeichen – und + kann die Bewertung einer Route zusätzlich abgestuft werden (z. B. T3, T3+, T4–, T4).

Vergleich mit offiziellen Wanderwegen
Meistens bewegen sich die gelb markierten Wanderwege im Bereich T1/T2, die weiss-rot-weiss markierten Bergwanderwege im Bereich T2/T3 und die weiss-blau-weiss markierten Alpinwanderwege im Bereich T4/T5. In der Praxis findet man allerdings oft Abweichungen nach unten und nach oben.

Verhältnisse
Routen werden unter der Annahme günstiger Verhältnisse bewertet, also bei guter Witterung und Sicht, trockenem Gelände, normalem Wasserstand bei Bächen, schneefreiem Zustand etc.

Beispieltouren
Falls keine spezifische Route angegeben wird, ist jeweils die Normalroute (leichteste Route) gemeint.

Schuhwerk
Je höher die Schwierigkeit, je schlechter die Wegqualität und je rauer und instabiler das Gelände, desto eher empfehlen sich stabile Bergschuhe mit hohem Schaft und torsionsfester Sohle.

Alpintechnische Hilfsmittel
Grundsätzlich bezieht sich diese Skala auf Routen, die üblicherweise ohne Seilsicherung begangen werden und auf denen eine Seilsicherung nicht möglich/praktikabel ist. In den oberen Schwierigkeitsgraden sollte man dennoch die Mitnahme eines Seilstücks inklusive nötigem Zubehör in Erwägung ziehen (Einrichtung eines Seilgeländers oder Sicherung bei Einzelstellen, grösserer Handlungsspielraum bei Versteigern, Rückzug oder Notfall) – sofern man die entsprechenden Sicherungstechniken beherrscht. Je nach Geländeart (steiles Gras, harte Schneefelder) können ein (Leicht-)Pickel oder Steigeisen von grossem Nutzen sein und wesentlich zur Sicherheit beitragen. Im steinschlägigen Gelände empfiehlt sich auch das Tragen eines Helms.

Gletscherpassagen
Unter Gletscherpassagen versteht die Skala solche, die im Sommer bei normalen Verhältnissen so weit ausapern, dass sich allfällige Spalten sicher erkennen und ohne Gefahr umgehen lassen (was auf verschiedene hochalpine Hüttenwege zutrifft). Unter diesen Voraussetzungen erübrigt sich eine Hochtourenausrüstung. Bei ungünstigen Verhältnissen können Anseilmaterial, Steigeisen und/oder Pickel hingegen durchaus angezeigt oder gar zwingend sein.

SAC-Wanderskala: Erläuterungen

Abgrenzung zu Hochtouren und Felsklettern

Ein wesentlicher Unterschied zwischen anspruchsvollen Alpinwanderungen, einfachen Hochtouren und leichten Felsklettereien liegt darin, dass auf einer T5/T6-Route selten bis nie mit Seil gesichert werden kann, weshalb das Gelände absolut beherrscht werden muss – was hohes technisches Können und mentale Stärke erfordert. Beispiele dafür sind sehr steile Grashänge, wegloses Schrofengelände mit schlechtem Fels oder sehr exponierte Gratpassagen. Deshalb ist Alpinwandern im oberen Schwierigkeitsbereich (T5/T6) in der Regel bedeutend anspruchsvoller als eine einfache Hochtour mit der Bewertung L (= leicht) oder eine gesicherte Klettertour im II. Grad. Aufgrund der unterschiedlichen Merkmale von Alpinwanderungen und Hochtouren lässt sich ein direkter Vergleich der Bewertungsskalen kaum anstellen, doch grundsätzlich kann eine T6-Route vergleichbare Anforderungen stellen wie manche Hochtour im Bereich WS (= wenig schwierig), in vereinzelten Fällen sogar bis ZS– (= ziemlich schwierig).

SICHER UNTERWEGS

Draussen an der frischen Luft zu wandern, bietet grossartige Chancen für Naturerlebnisse, Gemeinschaft, Verantwortung und Abenteuer. Die folgenden Empfehlungen helfen dir, den möglichen Gefahren auf deinen Bergwanderungen wirkungsvoll begegnen zu können und sie genussvoll zu gestalten.

Die 10 Punkte basieren auf den Empfehlungen des Club Arc Alpin (CAA), der Dachorganisation der grossen Bergsportverbände des Alpenbogens, und wurden von den SAC-Fachexperten für Ausbildung und Sicherheit für dich ergänzt. Diese ersetzen aber keinen Ausbildungskurs, in dem du mit ausgebildeten Personen wichtige Grundlagen erwirbst und dein Wissen erweiterst.

1. Gesund und fit in die Berge
Bergwandern ist Ausdauersport. Die positiven Belastungsreize für Herz und Kreislauf setzen Gesundheit und eine realistische Selbsteinschätzung voraus. Vermeide Zeitdruck und wähle das Tempo so, dass niemand in der Gruppe ausser Atem kommt.

2. Sorgfältige Tourenplanung
Wanderkarten, Führerliteratur, Internet und Experten informieren über Länge, Höhendifferenz, Schwierigkeit und die aktuellen Verhältnisse. Besonders Beachtung verdient der Wetterbericht, da Gewitter, Schnee, Wind und Kälte das Unfallrisiko stark erhöhen. Stimme die Touren immer auf die Fähigkeiten der Gruppe ab. Plane Alternativrouten! Informiere dich über nationale Bergrettungs-Notrufnummern (REGA 1414, Euro-Notruf 112).

3. Zweckmässige Ausrüstung
Passe die Ausrüstung dem Ziel an und achte auf ein geringes Rucksackgewicht! Regen-, Kälte- und Sonnenschutz gehören immer in den Rucksack. Achte auf gutes Schuhwerk, das dir sicheren Halt gibt. Sonnenschutz mitnehmen. Für den Notfall: Erste-Hilfe-Set, Rettungsdecke, Mobiletelefon.

4. Passendes Schuhwerk
Gute Wanderschuhe schützen und entlasten den Fuss und verbessern die Trittsicherheit! Achte bei der Wahl auf perfekte Passform, rutschfeste Profilsohle, Wasserdichtigkeit und geringes Gewicht. Zudem geben dir hohe Wanderschuhe (über Knöchel) besseren Halt im Gelände, insbesondere bei zunehmender Ermüdung der Füsse auf längeren Wanderungen.

5. Trittsicherheit ist der Schlüssel
Stürze als Folge von Ausrutschen oder Stolpern sind die häufigsten Unfallursachen! Beachte, dass zu hohes Tempo oder Müdigkeit deine Trittsicherheit und Konzentration stark beeinträchtigen. Achtung Steinschlag: Durch achtsames Gehen vermeidest du das Lostreten von Steinen.

6. Auf markierten Wegen bleiben
Im weglosen Gelände steigt das Risiko für Orientierungsverlust, Absturz und Steinschlag. Vermeide Abkürzungen und kehre zum letzten bekannten Punkt zurück, wenn du einmal vom Weg abgekommen bist. Achtung: Steile Altschneefelder werden häufig unterschätzt und sind gefährlich. Informationen können zum Beispiel beim Hüttenwart eingeholt werden.

7. Regelmässige Pausen
Rechtzeitige Rast dient der Erholung, dem Geniessen der Landschaft und der Geselligkeit. Essen und Trinken sind notwendig, um Leistungsfähigkeit und Konzentration zu erhalten. Genügend nicht gesüsste Getränke sowie ein ausgewogener Lunch (Müesliriegel, Trockenfrüchte, Schokolade, Käse, Trockenfleisch, Nüsse, Biberli) geben dir die notwendige Energie für den Tag.

8. Verantwortung für Kinder
Beachte, dass Abwechslung und spielerisches Entdecken für Kinder im Vordergrund stehen soll. In Passagen mit Absturzrisiko kann ein Erwachsener nur ein Kind betreuen. Bei ausgesetzten Passagen das Kind mit einem Seilstück führen. Sehr ausgesetzte Touren, die lang anhaltende Konzentration erfordern, sind für Kinder nicht geeignet.

9. Kleine Gruppen
Kleine Gruppen gewährleisten Flexibilität und ermöglichen gegenseitige Hilfe. Vertraute Personen über Ziel, Route und Rückkehr informieren. In der Gruppe zusammen bleiben. Achtung Alleingänger: Bereits kleine Zwischenfälle können zu ernsten Notlagen führen.

10. Respekt vor der Natur
Die Berge bieten einen wertvollen Freiraum zum Bewegen in einzigartiger Natur. Geniesse diese Freiheit und respektiere die sensible Gebirgsnatur! Zum Schutz der Bergnatur: Keine Abfälle zurücklassen, Lärm vermeiden, auf den Wegen bleiben, Wild- und Weidetiere nicht beunruhigen, Pflanzen unberührt lassen und Schutzgebiete respektieren.

Literaturtipps aus dem SAC Verlag
M. Volken, A. Rossel, R. Sägesser, W. Stucki, A. Mathyer, *Bergwandern / Alpinwandern, Planung Technik, Sicherheit;* U. Hefti, D. Walter, M. Walliser, P. Fluri, *Erste Hilfe für Wanderer und Bergsteiger;* U. Hefti, D. Walter, A. G. Brunello, M. Walliser, *Gebirgs- und Outdoormedizin, Erste Hilfe, Krankheit, Prävention und Training*

UMWELTFREUNDLICH UNTERWEGS

Mit deinen Wanderschuhen trittst du in die Stube der Pflanzen und Tiere ein. Dabei geniesst du viele Freiheiten: Du bestimmst die Tour, den Weg, deinen Rhythmus. Bei all diesen Entscheidungen solltest du immer daran denken, dass du ein privilegierter Gast in den Bergen bist.

Viele Tiere und Pflanzen leben in dieser Umgebung und kämpfen unter oftmals harschen Bedingungen ums Überleben. Viele von ihnen sind hoch spezialisiert auf bestimmte Umgebungen und reagieren sensibel auf Eingriffe – wie etwa das Auerhuhn. Es braucht lichte, aber reich strukturierte Nadelwälder mit vielen Zwergsträuchern und Schutz vor Störungen.

10 Tipps für naturverträgliches Wandern
Ein paar Tipps helfen dir, dich rücksichts- und respektvoll in der Natur zu bewegen. So kannst du viel dazu beitragen, dass du und alle Wanderer nach dir diese einmaligen Naturerlebnisse in alpiner Landschaft auch in Zukunft geniessen können.

1. Beachte Einschränkungen
Beachte Informationstafeln zu Schutzgebieten.

2. Benutze bestehende Wege und Routen
Damit schonst du sensible Lebensräume für Pflanzen und Wildtiere. Respektiere Privatland und schliesse Weidegatter.

3. Fotografiere Blumen, statt sie zu pflücken
Pflanzen sehen in der freien Natur am schönsten aus. Sammle Beeren und Pilze massvoll und halte dich an Schontage.

4. Halte die Umwelt sauber
Nimm Abfall wieder mit ins Tal. Halte für die Notdurft gebührend Abstand zu Gewässern, decke Exkremente und Toilettenpapier zu. Papiertaschentücher oder gar Feuchttücher sind wegen der langen Verrottungsdauer ungeeignet.

Beachte ausserdem immer folgende Punkte:
Verantwortungsvolles und umweltfreundliches Verhalten gegenüber Natur und Mitwelt ist nicht auf die Tour beschränkt. Auch das Vorher und Nachher, die Planung, die Wahl des Verkehrsmittels und die Übernachtung gehören dazu und tragen wesentlich zum Gelingen der Tour bei.

5. Reise umweltverträglich an
Nutze die vielen Vorteile öffentlicher Verkehrsmittel. Falls es ohne Auto nicht geht: Fahrgemeinschaften bilden und Mobility oder Alpentaxi für Teilstrecken einsetzen.

6. Berücksichtige Fahr- und Parkverbote
Auf Waldstrassen gilt meist ein Fahrverbot. Vermeide wildes Parkieren – dieses ist ein Ärgernis für Landwirte und Grundeigentümer und kann Flurschaden anrichten.

7. Konsumiere lokal und schone Ressourcen
Übernachte vor Ort und kaufe lokal ein, um die Bergregionen zu fördern und die Ökobilanz deiner Tour zu verbessern. Gehe sparsam mit Wasser und Energie in den Gebirgsunterkünften um. Sie sind knapp!

8. Campiere, aber richtig
Wenn du im Freien übernachten möchtest, kläre vorgängig ab, ob es erlaubt ist. Lass nichts zurück ausser deinen Fussabdrücken. In unserem Merkblatt «Campieren und Biwakieren» findest du weitere wertvolle Tipps.

9. Benutze bestehende Feuerstellen
Jede neue Feuerstelle zerstört Vegetation und Boden für Jahre. Beachte die aktuelle Waldbrandgefahr.

10. Führe deinen Hund an der Leine, insbesondere im Wald
Wildtiere flüchten vor frei laufenden Hunden und werden häufig von ihnen gejagt. Das bedeutet viel Stress für die Wildtiere.

Literaturtipps aus dem SAC Verlag
A. Rosenkranz, J. Meyer, M. Lüthi, F. Zoller, *Lebenswelt Alpen, sehen – kennen – verstehen*

LINKS, APPS UND TELEFONNUMMERN

NOTFALL
Rega App iRega (übermittelt den GPS-Standort)
Rega (ohne Wallis)   1414
Notruf im Wallis   144
Polizei   117
Notruf international   112

Bei schlechtem Handy-Empfang Standort wechseln.
SMS oder Rega-App funktionieren bei schlechtem Empfang besser als Telefon.

WETTER
meteoschweiz.ch	allgemeiner Wetterbericht, Niederschlagsradar, lokale Wetterprognose, Gefahren
meteo.srf.ch	allgemeiner Wetterbericht
meteoblue.com	Wetterbericht mit Detailangaben zu Temperatur, Wind, Niederschlag etc. Weltweit
swisswebcams.ch	dichtes Netz von lokalen Webcams
slf.ch	Schnee- und Lawineninformationen
0900 162 333	persönliche Wetterberatung (24 h, kostenpflichtig)

KARTEN, ROUTEN, WEGSPERRUNGEN
tourenportal.ch,	Karte, Hütteninformationen, Routenbeschriebe, Sperrungen,
SAC-CAS App	Hüttenreservation, Route zeichnen
map.geo.admin.ch	Karte, Routen, Sperrungen, Route zeichnen
schweizmobil.ch	Karte, Routenbeschriebe, Sperrungen, Route zeichnen

TOURENBERICHTE/VERHÄLTNISSE
gipfelbuch.ch
hikr.org
camptocamp.org

HÜTTENREGELN

- gute Freunde sind immer willkommen
- stell dir keinen Wecker
- setz dich in die Sonne
- spaziere durch den Wold
- hülle dich in eine warme Decke
- lass die Seele baumeln
- geniesse die Stille
- lache
- und liebe, was du tust!

▲ *Wer diese Hüttenregeln einhält, wird seinen Aufenthalt geniessen.*

*Balmhornhütte SAC:
Zvieriplättli mit Aussicht.*

BERNER ALPEN

GELMERHÜTTE SAC
2412 m

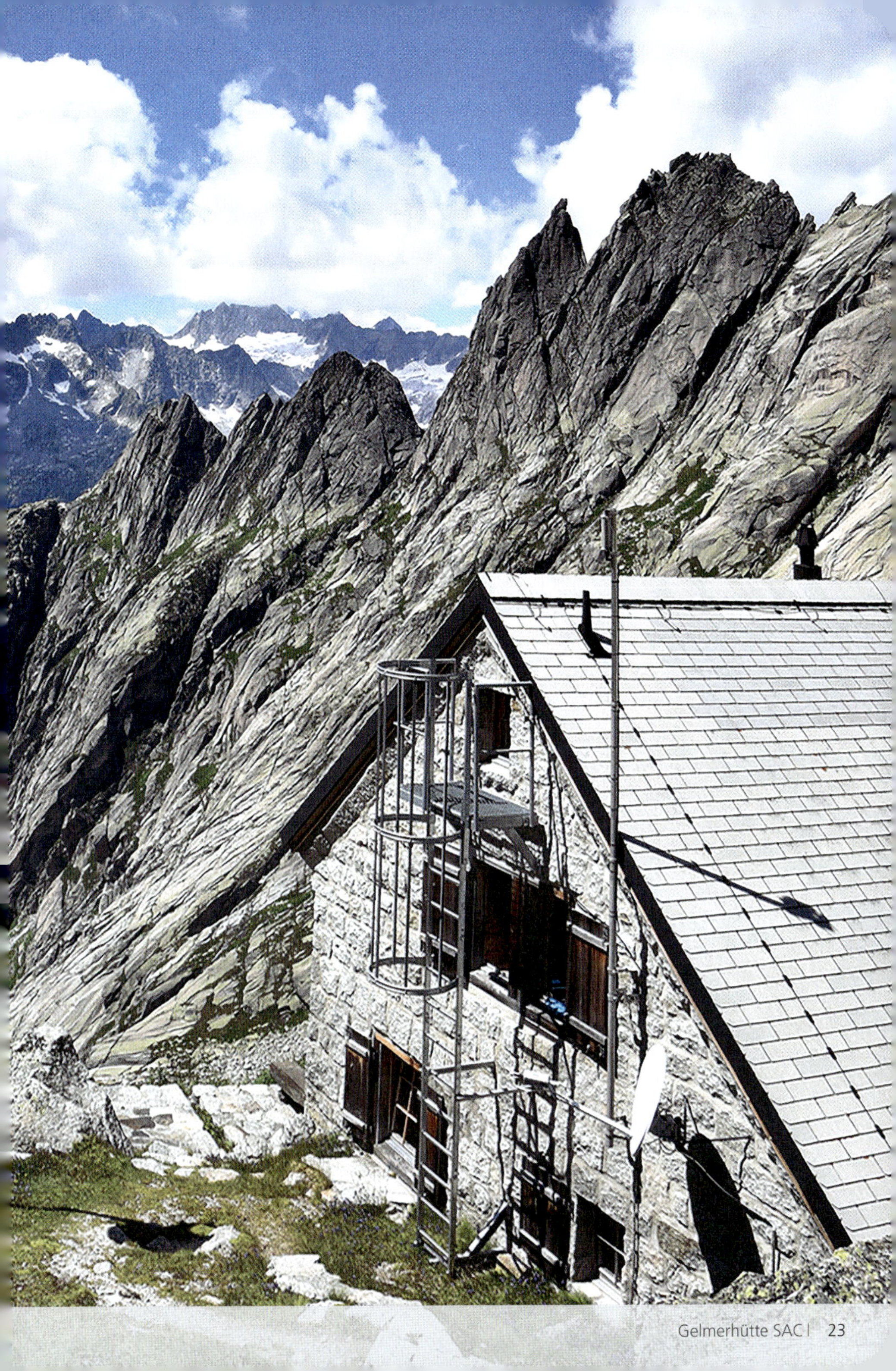

GELMERHÜTTE SAC (2412 m)

Kompakter Aaregranit, geschliffene Felsblöcke, die scharfen Grate des Grimselgebietes, türkisblauer Gelmersee – so präsentiert sich die spektakuläre Umgebung der Gelmerhütte SAC. Die Anreise beginnt mit Nervenkitzel auf der Gelmerbahn, der steilsten Standseilbahn Europas. Auf der Hüttenterrasse erwartet einen ein herrlicher Tiefblick auf den Gelmersee inmitten der schroffen Spitzen der Gelmerhörner.

Hütte bewartet

Jan	Jul
Feb	Aug
Mär	Sep
Apr	Okt
Mai	Nov
Jun	Dez

Schlafplätze: 55

📞 +41 33 973 11 80

💻 www.gelmerhuette.ch

🧭 E 2'669'235 / N 1'164'840

▲ *Wenig unterhalb der Gelmerhütte SAC.*

▲ Die Rösti in der Gelmerhütte SAC schmeckt und macht garantiert satt.

DIE HIGHLIGHTS

Auf dem Hüttenweg
- Mit der steilen Gelmerbahn und dem türkisblauen Gelmersee bietet die Grimselwelt ihren Besuchenden zwei unvergessliche Erlebnisse.
- Auf dem Fussabstieg nach Chöenzetennlen sind die Heidelbeeren am Wegrand eine leckere Zwischenverpflegung.

Rund um die Hütte
- Kletter- und Hochtouren auf die umliegenden Gipfel

Essen & Trinken
- Für die Zubereitung der Rösti, Käseschnitten, Suppen, Zvieriplättli und hausgemachten Kuchen werden möglichst frische, saisonale Produkte aus der Region verwendet.

Tipp
Gelmerbahn und Gelmersee

▲ *Luftig: Vom Hotel Handeck aus führt der Wanderweg über eine Hängebrucke zur Gelmerbahn.*

▲ Das Stockseewli bei Chöenzetennlen.

▼ Der Weg um den Gelmersee ist technisch nicht schwer, aber stellenweise etwas ausgesetzt und verlangt entsprechende Aufmerksamkeit.

DER ZUSTIEG

🥾 Von der Bergstation der Gelmerbahn
.ıl T2   ↗ 2 h, 590 Hm

Landschaftlich reizvoller Aufstieg durch eindrückliche Granitlandschaft mit Seen, Wasserfällen, gletschergeschliffenen Platten und Schwemmebenen. Für Familien geeignet, wenn die Kinder bereits Bergwandererfahrung haben.

Gelmersee Bergstation – Gelmerhütte SAC
Vom Gelmersee auf dem weiss-rot-weiss markierten Bergwanderweg das teilweise etwas exponierte Nordufer des Gelmersees entlang, danach ziemlich steil hinauf zur Gelmerhütte SAC.

Variante: Gelmersee Südufer
Der Gelmersee kann auf der Südseite umrundet werden: Sehr schöne Variante, um den Auf- bzw. Abstieg unterschiedlich zu gestalten. Ca. 30 Minuten länger und mit T3 bewertet etwas schwieriger.

Zustieg ab Chöenzetennlen
Von Chöenzetennlen (an der Grimselpassstrasse, Parkplatz und gleichnamige Bushaltestelle) dem markierten Bergwanderweg folgen und via Stockseewli zum Gelmersee. Über die Staumauer gelangt man zur Bergstation der Gelmerbahn. Nun weiter dem beschriebenen Hüttenzustieg entlang, T2, 3 Stunden, 890 Höhenmeter.

Information
Im Jahr 2026 wird die Gelmerhütte 100 Jahre alt. Zu diesem Jubiläum soll die Hütte zeitgemäss umgebaut werden. Der Umbau führt zu angepassten Öffnungszeiten.

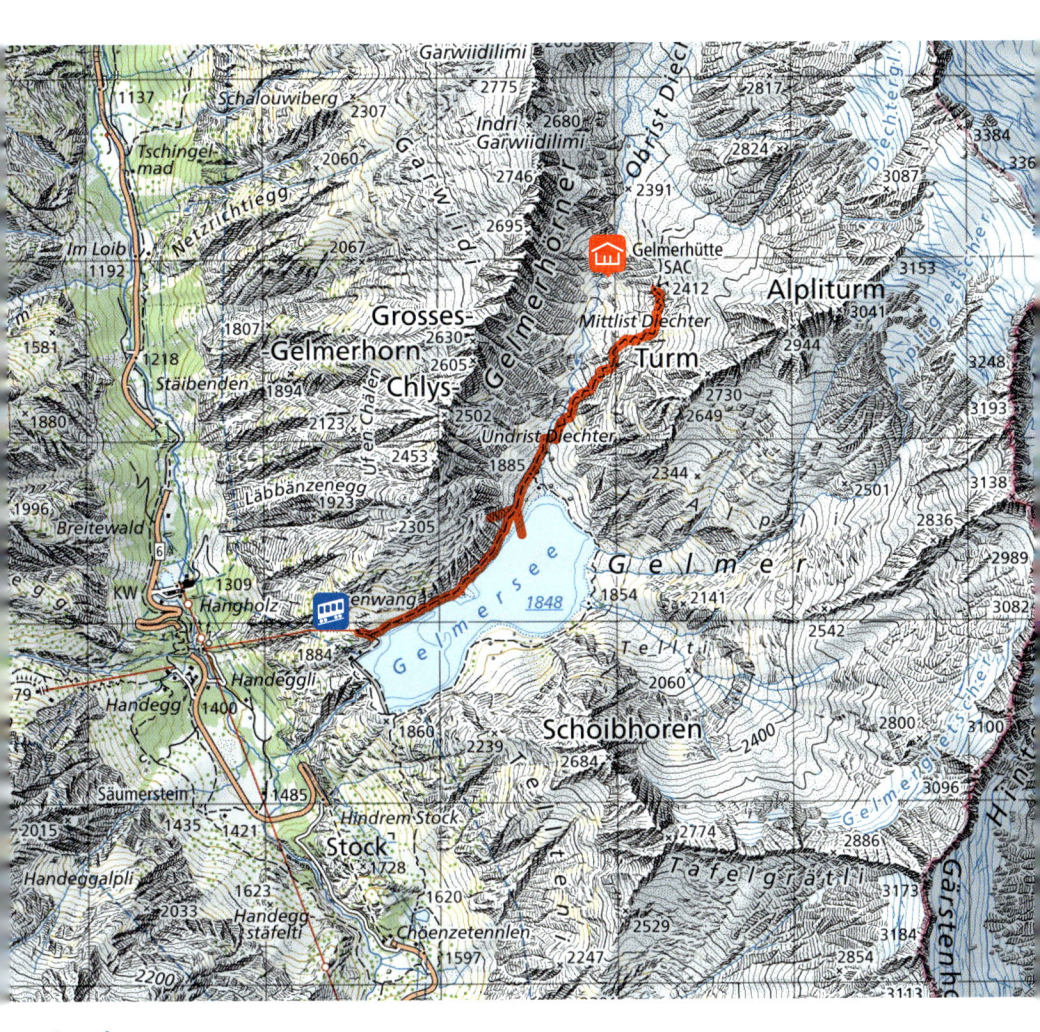

Anreise

Mit dem Zug nach Innertkirchen und weiter mit dem Bus bis zur Haltestelle Handegg, Gelmerbahn. Tickets mit zeitgenauer Platzreservation unbedingt im Voraus online kaufen, sonst muss mit langen Wartezeiten gerechnet werden, vielleicht sind sogar den ganzen Tag keine Plätze mehr frei. www.grimselwelt.ch/bahnen/gelmerbahn

Karte und Route ▲

Karten

LK 1:25 000, Blatt 1230   Guttannen
LK 1:50 000, Blatt   255   Sustenpass

Gelmerhütte SAC | 29

WINDEGGHÜTTE SAC
1886 m

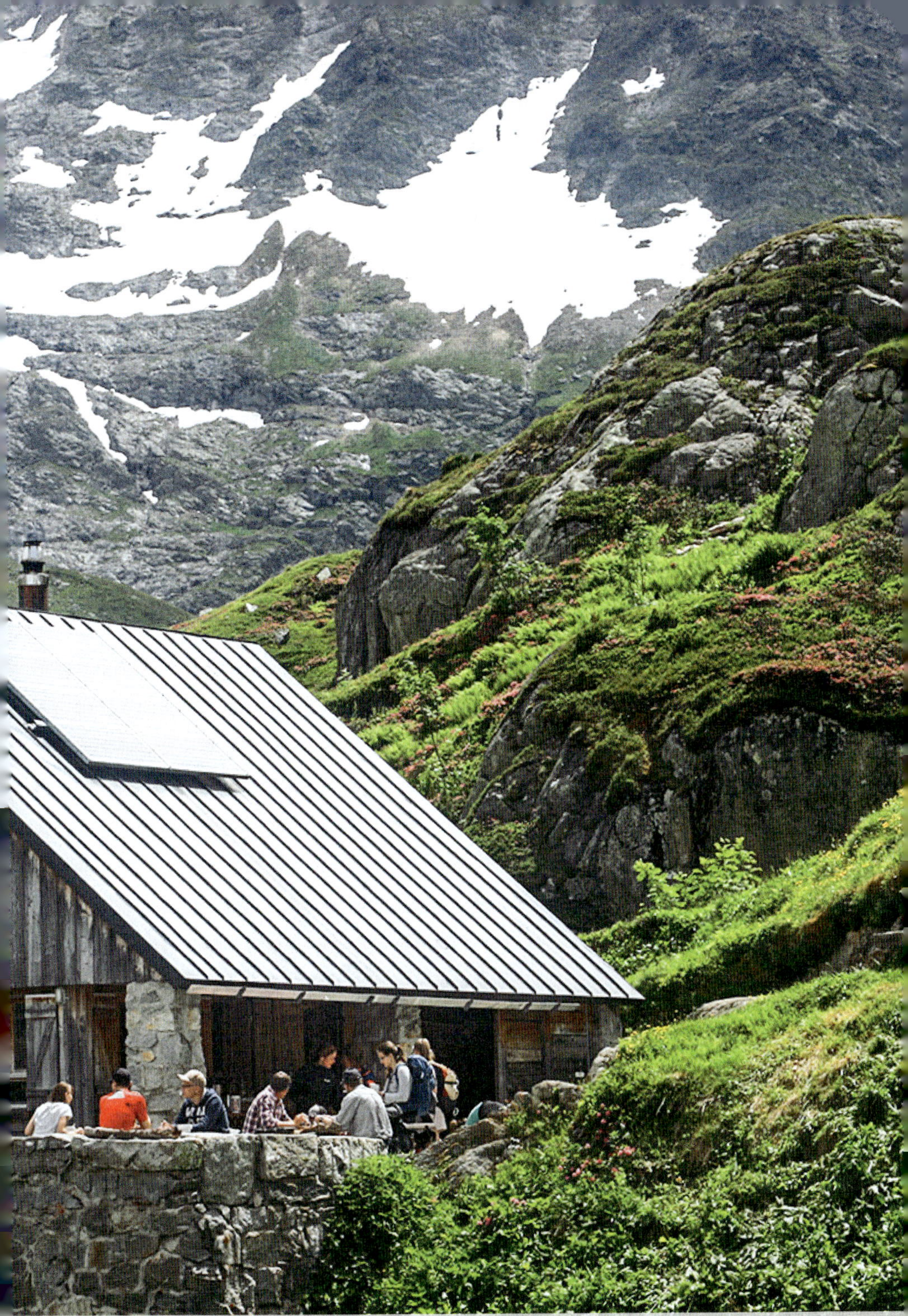

WINDEGGHÜTTE SAC (1886 m)

Mit der Triftbahn wird der Besuch der Windegghütte SAC zu einem erlebnisreichen Tagesausflug. Für Spass und Nervenkitzel sorgen die Triftbrücke und der Ketteliweg. Der schnellste Weg hinauf zur Hütte führt über den steilen Nordhang. Wer es lieber gemütlich mag, nimmt den Familienwanderweg.

Hütte bewartet

Jan	Jul
Feb	Aug
Mär	Sep
Apr	Okt
Mai	Nov
Jun	Dez

Schlafplätze: 41

📞 +41 33 975 11 10

💻 huettenwart@windegghuette.ch

www.windegghuette.ch

🧭 E 2'669'547 / N 1'171'929

▲ Der gemütliche Aufenthaltsraum der Windegghütte SAC.

▲ Ein solches Plättli geniesst man gerne auf der Hüttenterrasse.

DIE HIGHLIGHTS

Auf dem Hüttenweg
- Fahrt mit der Triftbahn
- Abwechslungsreicher Zustieg: direkte Variante oder via Triftbrücke und Familienwanderweg oder Ketteliweg

Rund um die Hütte
- Die Triftbrücke spannt sich in 100 Meter Höhe über das Triftwasser.
- Der Triftgletscher gehört laut ETH Zürich zu den Gletschern, die am rasantesten schmelzen.
- Familiär und heimelig: draussen Natur entdecken und nach Wildtieren Ausschau halten, drinnen bei einem Gesellschaftsspiel gemütlich Beisammensitzen

Essen & Trinken
- Einheimische Spezialitäten, Fricktaler Plättli

Tipp
Fahrt mit der Triftbahn und die Triftbrücke

▲ Der Ketteliweg von der Triftbrücke zur Windegghütte SAC verlangt etwas Trittsicherheit.

▲ Spektakulär über dem Triftwasser: ob ohne Bahnhilfe auf dem Wanderweg oder die ersten Höhenmeter bequem schwebend in der Triftbahn.

▼ Beim sogenannten Bosslis Stein: Hier trennen sich die Wegvarianten zur Windegghütte SAC.

DER ZUSTIEG

🚶 **Von der Bergstation Underi Trift**

📶 T2   ↗ 1 h 30 min, 530 Hm   ↙ 40 Hm

Der normale Hüttenzustieg zur Windegghütte ist ab der Bergstation der Triftbahn für Tagesausflüge gut geeignet. Ist die Triftbahn ausgebucht (Reservation in der Saison empfohlen) kostet der Zustieg aus dem Tal etwas mehr Höhemeter. Er ist dafür kurzweilig und die lange Querung über dem Triftwasser eindrücklich.

Trift Bergstation – Bosslis Stein – Windegghütte SAC
Von der Bergstation der KWO-Werkbahn Schwendi – Underi Trift (1357 m) auf gutem Weg bis zur Wegverzweigung Bosslis Stein (Infotafel). Von hier bestehen drei Möglichkeiten zur Windegghütte SAC zu gelangen. Die erste, der ursprüngliche Hüttenweg, biegt rechts (nördlich) ab und führt steil direkt zur Windegghütte SAC hoch.

Variante 1: Familienweg zur Windegghütte SAC
Nun links an Bosslis Stein vorbei. Nach etwa 20 Minuten biegt der «Familienweg» rechts ab und steigt weniger steil zur Hütte an.

Variante 2: Via Hängebrücke zur Windegghütte SAC
Der wohl spektakulärste Weg zur Hütte führt zur Hängeseilbrücke. Man geht links an Bosslis Stein vorbei Richtung Hängeseilbrücke. Wenige Meter davor zweigt man rechts ab und gelangt über einen Felsrücken und durch mit Seilen und Ketten gesicherte Felsbänder (T3) zur Windegghütte SAC.

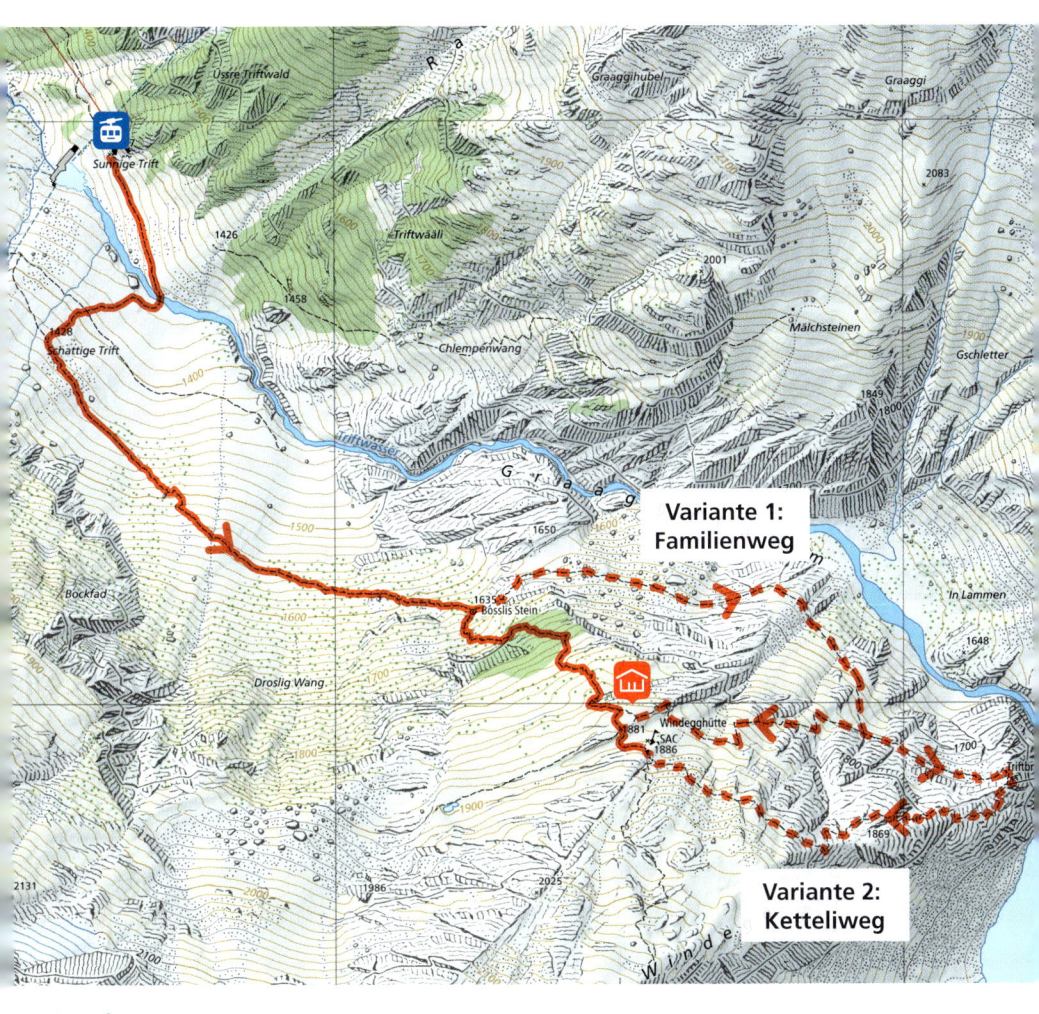

Anreise
Vom Bahnhof Meiringen oder Göschenen mit dem Postauto bis zur Haltestelle Nessental, Triftbahn. Die Triftbahn verkehrt von Anfang Juni bis Mitte Oktober. Ticketreservierung bei schönem Wetter empfohlen (www.grimselwelt.ch). Parkplätze gibt es bei der Talstation.

Karte und Route ▲

Karten
LK 1:25 000, Blatt 1210   Innertkirchen
LK 1:50 000, Blatt   255   Sustenpass

BÄCHLITALHÜTTE SAC
2328 m

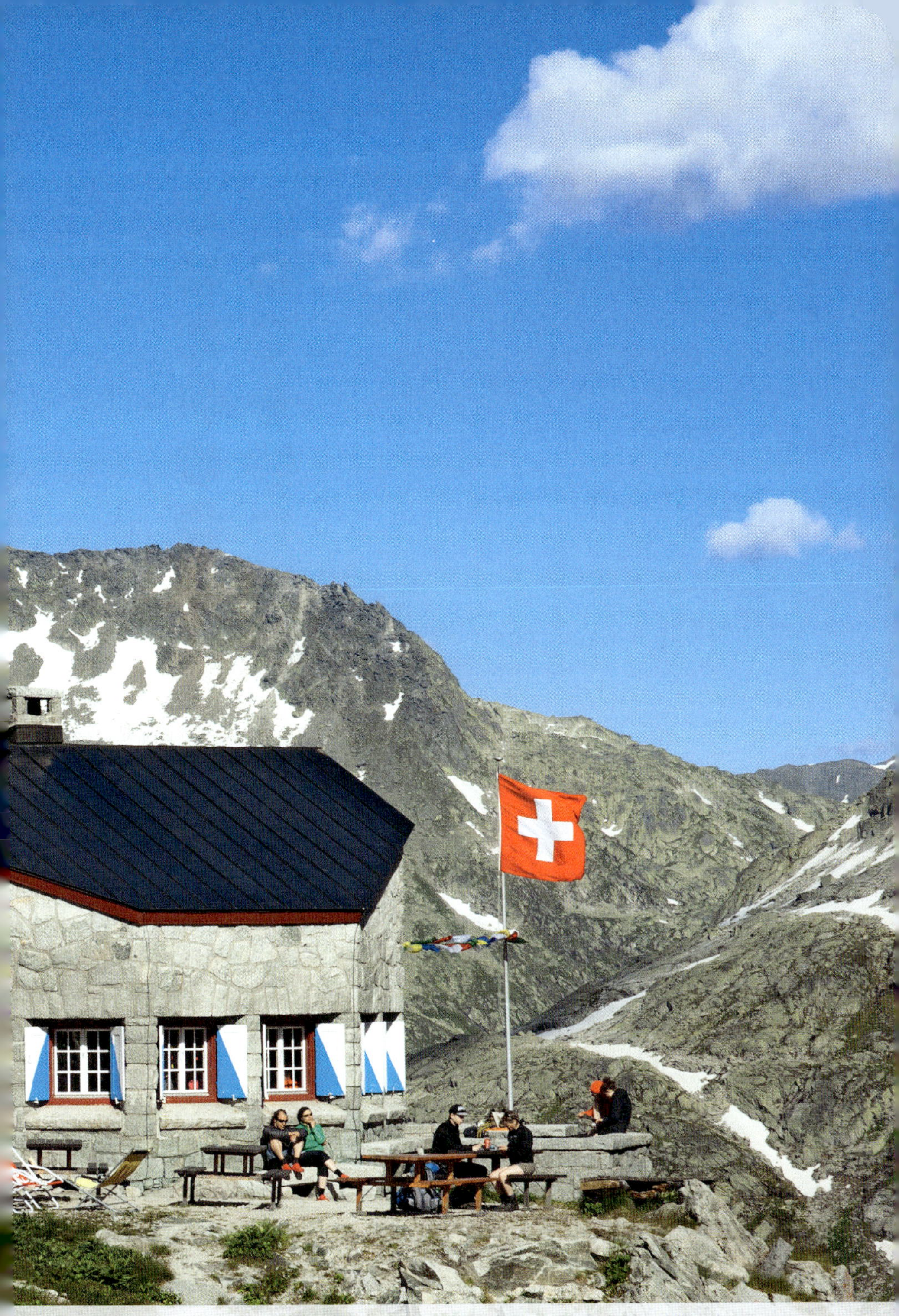

BÄCHLITALHÜTTE SAC (2328 m)

Hier ist der Hüttenname Programm: Auf der Wanderung zur Bächlitalhütte SAC im Grimselgebiet trifft man immer wieder auf Wasser, das mäandert und rauscht. Die Natursteinstufen, der Flechtenweg und die bedeutende alpine Schwemmlandschaft Bächlisboden gestalten den Hüttenzustieg äusserst abwechslungsreich. Zur genaueren Betrachtung der Flechten empfiehlt sich, eine Lupe mitzunehmen.

Hütte bewartet

Jan	Jul
Feb	Aug
Mär	Sep
Apr	Okt
Mai	Nov
Jun	Dez

Schlafplätze: 75

📞 +41 33 973 11 14

🖥 info@baechlitalhuette.ch

www.baechlitalhuette.ch

🧭 E 2'664'688 / N 1'159'878

▲ *Die Schwemmebene Bächlisboden.*

▲ Ausspannen und sich erfrischen ist beim Bächli Beach möglich.

DIE HIGHLIGHTS

Auf dem Hüttenweg
- Grimselwelt mit ihren Staumauern
- Natursteinstufen aus Grimselgranit
- Schwemmlandschaft Bächlisboden
- Ausgeschildeter Flechtenweg
  (Flyer auf www.baechlitalhuette.ch)

Rund um die Hütte
- Bächli Beach: abkühlen im Bergseeli und Aussicht geniessen
- Zahlreiche Klettermöglichkeiten

Essen & Trinken
- Spezialität Bächlital-Hüetli (Orecchiette)
- Hausrösti
- Selbst gebackener Kuchen

Tipp
Spezialität Bächlital-Hüetli

AUS DER HÜTTENKÜCHE
Bächlital-Hüetli

Für 4 Personen

Speckwürfeli	100 g	
Getrocknete Tomaten	100 g	In Streifen schneiden.
Schwarze Oliven	100 g	In mittelgrosse Ringe schneiden. Alles zusammen kurz andämpfen.
Rahm	2,5 dl	
Milch	2,5 dl	
		Ablöschen, zu einer sämigen Sauce einkochen lassen.
Cognac	1 TL	Verfeinern, würzen nach Wunsch.
Orecchiette	500 g	In reichlich Salzwasser al dente kochen, abgiessen.
		In 4 Teller verteilen, Sauce darübergeben dazu geriebenen Parmesan servieren.

▲ Das Backen von Broten und Kuchen bedeutet viel Arbeit für die Hüttenteams.

▼ Der gemütliche Aufenthaltsraum der Bächlitalhütte SAC.

DER ZUSTIEG

🥾 **Von der Räterichsboden-Staumauer**

📶 T2   ↗ 2 h 15 min, 620 Hm   ↘ 60 Hm

Vom Räterichsbodensee schlängelt sich der Hüttenweg auf gut ausgebauten Treppenstufen hinauf. Vorbei an Alpenrosenwiesen führt er schliesslich über die grosse imposante Sandebene des Bächlitals, eine Schwemmlandschaft von nationaler Bedeutung.

Räterichsboden – Bächlisboden – Bächlitalhütte SAC
Von der Staumauer des Räterichsbodensees an der Grimselpassstrasse (Postautohaltestelle) auf dem markierten Bergweg nach Westen über die Mauer und auf dem Hüttenweg nördlich des Bächlisbachs an P. 2188 vorbei an den nördlichen Rand des Bächlisboden. Diesem entlang und weiter über den breiten Geröllhang hinauf zur Hütte.

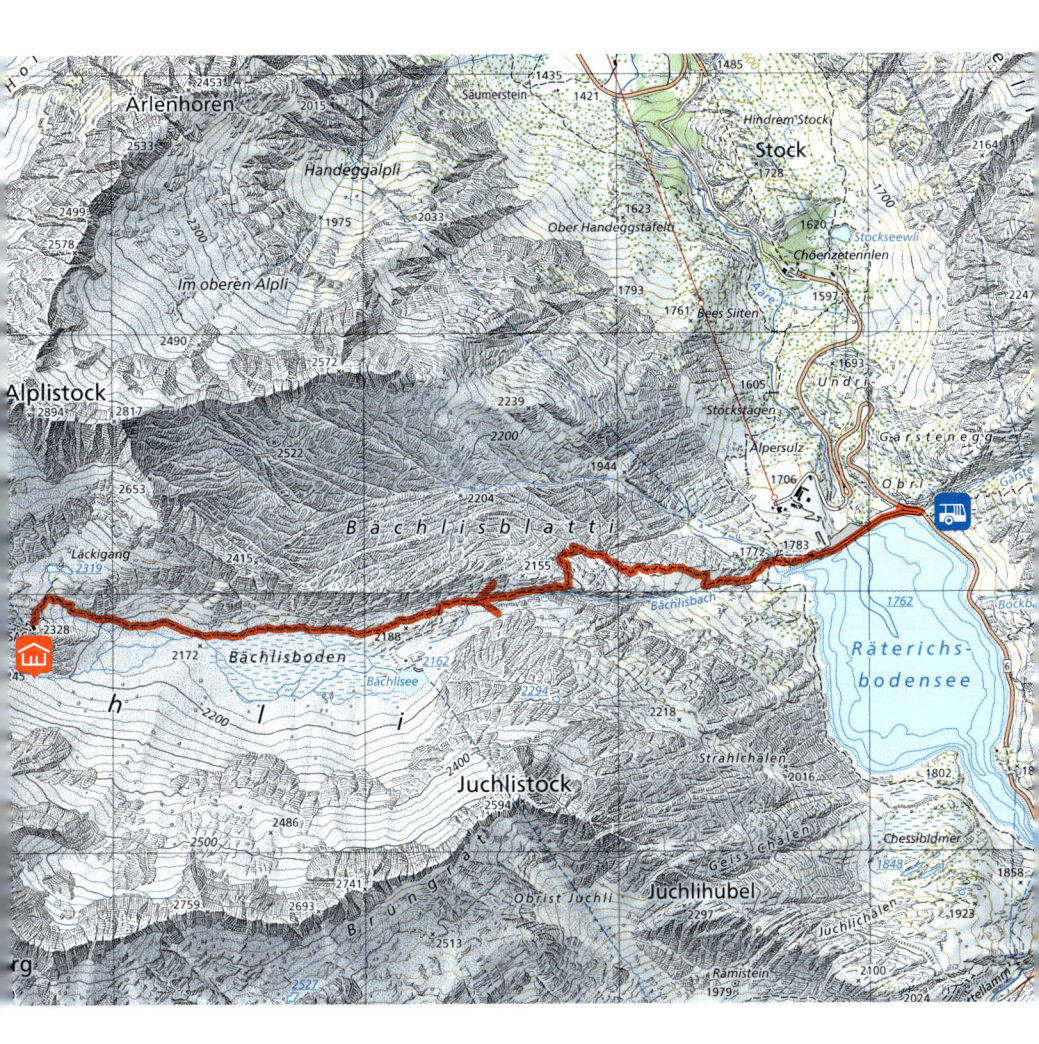

Anreise
Vom Bahnhof Meiringen oder Oberwald mit dem Postauto Richtung Grimsel zum Räterichsboden, fährt viermal täglich von Ende Juni bis Mitte Oktober. Wenige Parkplätze gibt es bei der Staumauer.

Karten
LK 1:25 000, Blatt 1230 Guttannen
LK 1:50 000, Blatt 255 Sustenpass

Karte und Route ▲

GLECKSTEINHÜTTE SAC
2316 m

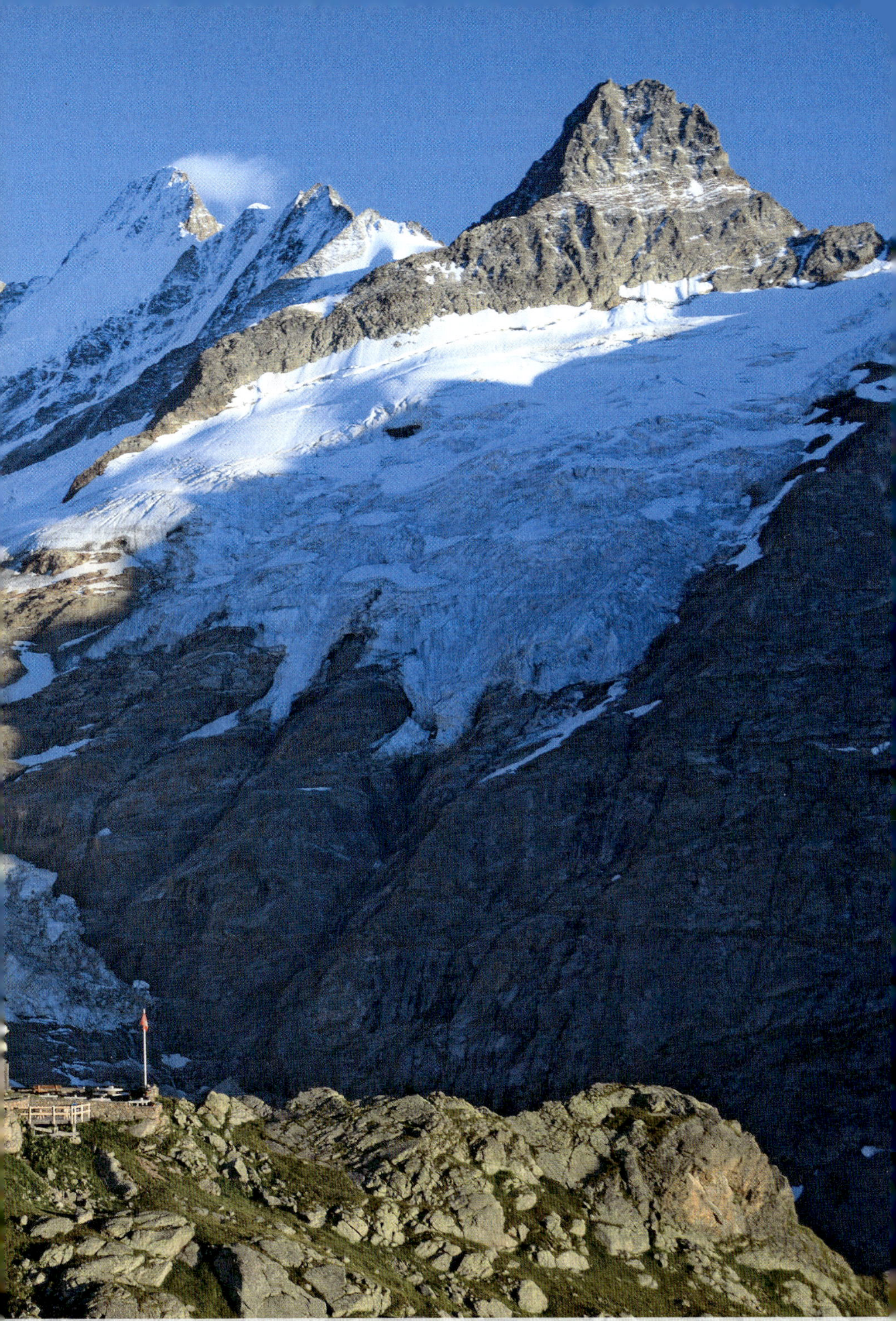

GLECKSTEINHÜTTE SAC (2316m)

Ihr Name stammt von «Gläck» (Viehsalz), das die Hirten den Schafen im Sommer zum Stein brachten. Die SAC-Hütte, einst als Hotel Gleckstein bekannt, ist heute beliebt bei Alpinisten für Besteigungen und Gletschertouren, als kleiner Seminarort, aber auch bei Bergwandernden, die imposante Gebirgspanoramen suchen und im Aufstieg Tucki, dem Chef der Steinbockkolonie, begegnen oder die Ruinen des legendären Wetterhornaufzugs bestaunen wollen.

Hütte bewartet

Jan	Jul
Feb	Aug
Mär	Sep
Apr	Okt
Mai	Nov
Jun	Dez

Schlafplätze: 88

+41 33 853 11 40

welcome@gleckstein.ch

www.gleckstein.ch

E 2'650'400 / N 1'163'970

▲ Steinböcke kommen auf der Hüttenterrasse oft zu Besuch.

48 | Genussvolle SAC-Hütten

▲ *Die Glecksteinhütte SAC ist beliebt für Tagesausflüge sowie auch als Ausgangspunkt für alpine Besteigungen, z.B. des Wetterhorns.*

DIE HIGHLIGHTS

Auf dem Hüttenweg
- Blick auf die alte Bergstation des Wetterhornaufzugs
- Abkühlung durch den Wyssbach-Wasserfall (der Wanderweg führt unten durch)
- Ausblick auf den Oberen Grindelwaldgletscher

Rund um die Hütte
- Einzigartige Aussicht, Flora und Fauna
- Regelmässige Besuche einer Steinbockkolonie
- Schöne Rundwanderung zum Gletscher, verschiedene Klettergärten, kleiner See direkt neben der Hütte

Essen & Trinken
- Grosses Kuchensortiment aus dem Hüttenofen
- Frisch zubereitet: Brot, Suppen und Saucen
- Lokale und frische Produkte
- Legendär: die Crèmeschnitte

Tipp: Gletscherwelt und Crèmeschnitte

AUS DER HÜTTENKÜCHE
Crèmeschnitte

Für ca. 40 Portionen

Vollmilch	1 Liter	
Zucker	400 g	
Maizena	140 g	
Eier	4	
Vanillestangen	1	Der Länge nach aufschneiden, Mark auskratzen und in die Milch geben.
		Alles mischen und unter ständigem Rühren erhitzen.
		Bevor die Masse anzieht, Vanillestangen entfernen.
Gelatine	7 Blatt	In kaltem Wasser aufweichen und der noch warmen Masse beimischen.
		Ganze Masse kaltrühren.
Blätterteig 30 × 40 cm	3	Mit Fleischgabel einstechen und bei 200 °C backen.
Kirsch	4 cl	Zur Masse mischen.
Vollrahm	1 Liter	
Rahmhalter	2 TL	Unter zweimal steif schlagen und mit jeweils der Hälfte der Masse melieren.
Himbeeren		Erste Hälfte der Masse auf den unteren Boden streichen und mit Himbeeren durchsetzen. Zweite Hälfte auf den oberen Blätterteig verteilen.
Puderzucker	450 g	
Himbeersirup	wenig	
Kirsch	4 cl	
Wasser	wenig	Zu einer zähflüssigen Masse rühren und gleichmässig auf die oberste Blätterteigschicht streichen.

▲ *Die legendären Crèmeschnitten.*

▼ *Die Glecksteinhütte SAC ist von Gletschern umgeben.*

Glecksteinhütte SAC | 51

DER ZUSTIEG

🚶 **Von Grindelwald
(Haltestelle Abzw. Gleckstein)**

📶 T3   ↗ 2:15 – 2:45 h, 850 Hm   ↘ 50 Hm

Die Glecksteinhütte SAC ist für trittsichere Wandernde auf einem einzigen Zustiegsweg erreichbar – aber was für einem! Von den sanften Matten oberhalb Grindelwald führt der Bergweg geschickt durch eine abweisend wirkende Felswand zur Bergstation des Wetterhornaufzuges. Diese erste Schwebeseilbahn der Schweiz war nur für kurze Zeit in Betrieb. Weiter geht's mit Blick auf die faszinierende Gletscherwelt um den oberen Grindelwaldgletscher zuerst leicht absteigend hoch über dem ehemaligen Gletscher dahin. Für Abkühlung sorgt ein – je nach Jahreszeit mehr oder weniger ergiebiger – Wasserfall, der Weg und Mensch benetzt. Zuletzt gelangt man im Zickzack zur kanzelartig gelegenen Glecksteinhütte SAC, wo eine stärkende Erfrischung aus der Hüttenküche wohlverdient ist.

Von der Postauto-Haltestelle Grindelwald, Abzw. Gleckstein, auf dem rot-weiss-rot markierten Bergweg durch das Chalberwäldli an den Fuss der steilen Fels- und Grasflanke. In südwestlicher Richtung auf dem Ischpfad über steile Grashänge und Felsbänder auf dem gut gesicherten Weg zur Engi, oberhalb der Überreste der Bergstation des Wetterhornaufzugs. Absteigend weiter dem Pfad entlang, hoch über dem Oberen Grindelwaldgletscher. Unter dem Wasserfall des Wyssbach hindurch und wieder ansteigend bei den Zybachplatten vorbei zum Unteren Schönbiel (ca. 2050 m) mit schönem Blick auf den Abbruch des Oberen Grindelwaldgletschers. Durch die steile Felswand über den ausgesetzten, aber gut versicherten Weg zum Oberen Schönbiel. Nun über Grashänge empor zur Hütte.

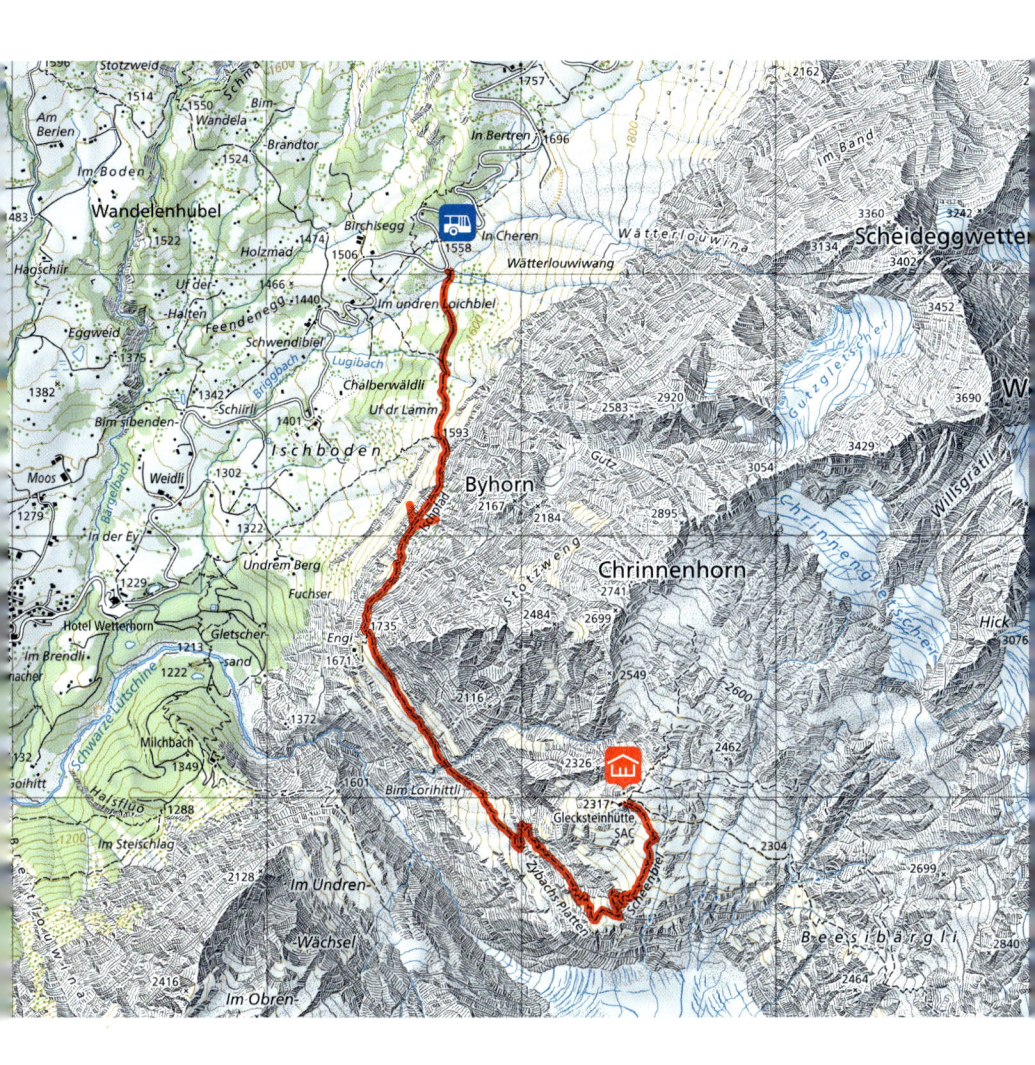

Anreise

Mit dem Zug von Interlaken Ost nach Grindelwald.
Mit dem Postauto Richtung Grosse Scheidegg
respektive Schwarzwaldalp bis zur Haltestelle
Grindelwald, Abzw. Gleckstein.

Karten

LK 1:25 000, Blatt 1229 Grindelwald
LK 1:50 000, Blatt   254 Interlaken

Karte und Route ▲

Glecksteinhütte SAC | 53

BALMHORNHÜTTE SAC
1956 m

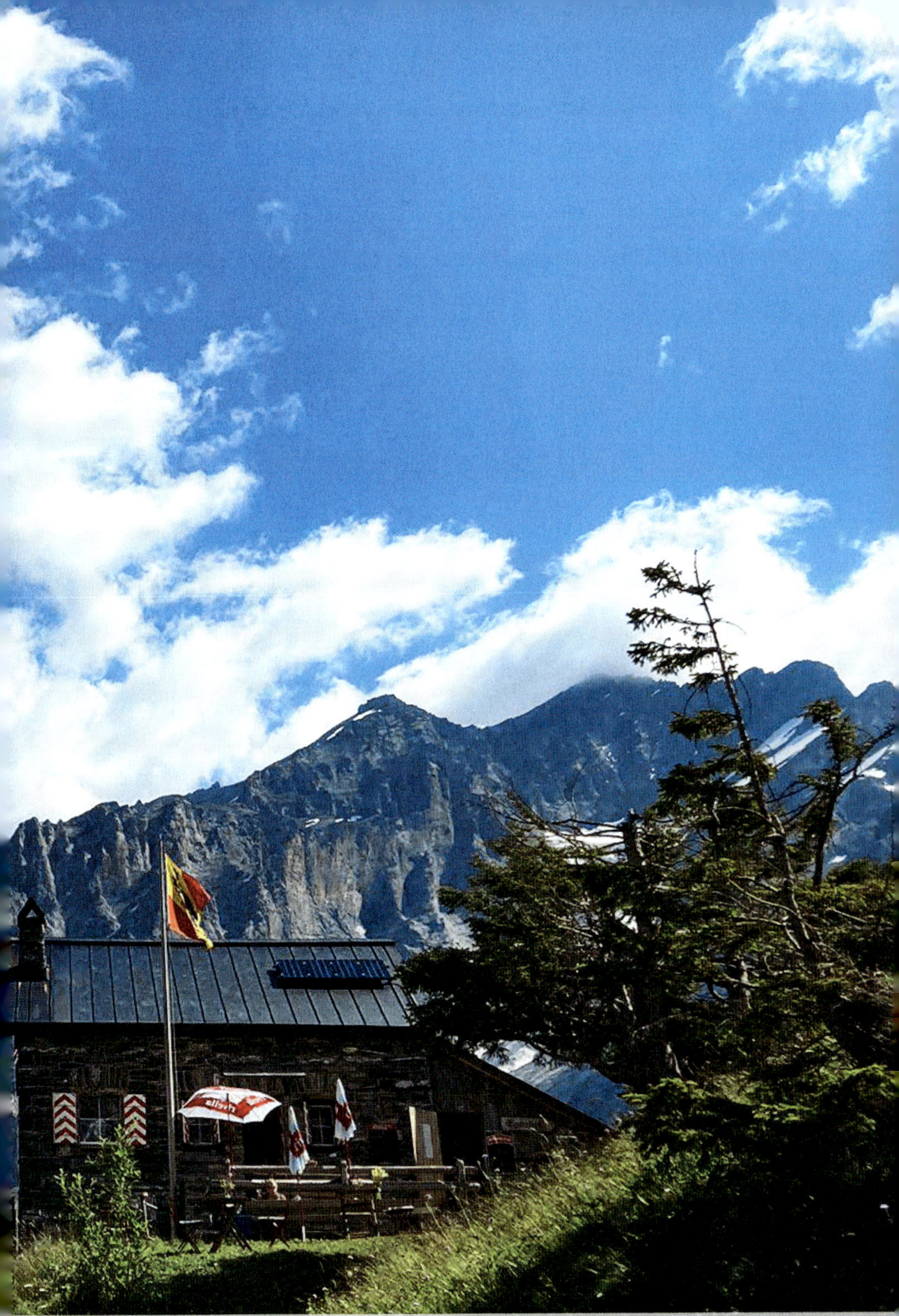

BALMHORNHÜTTE SAC (1956 m)

Die gemütliche und ursprüngliche SAC-Hütte erinnert an frühere Zeiten. Fast senkrecht über dem Kandersteger Gasteretal, auf der Talschulter am Fusse des Balmhorns gelegen, umgeben von grünen Bergwiesen, begeistert das kleine Bijou vor allem wegen seiner Lage auf einer Aussichtskanzel. Die Hütte wird von Mitgliedern der SAC-Sektion Altels freiwillig und mit viel persönlichem Engagement bewartet.

Hütte bewartet

Jan	Jul
Feb	Aug
Mär	Sep
Apr	Okt
Mai	Nov
Jun	Dez

Schlafplätze: 20

+41 33 675 13 40

balmhornhuette@sac-altels.ch

www.sac-altels.ch

E 2'619'280 / N 1'144'470

▲ *Bald ist das Ziel erreicht!*

▲ *Entspannen und geniessen beim Balmhornplättli.*

DIE HIGHLIGHTS

Auf dem Hüttenweg
- Abwechslungsreicher Hüttenzustieg, Juni bis August mit vielen Blumen
- Spektakuläre Sicht hinab ins Gasteretal und hinauf zum Balmhorngletscher

Rund um die Hütte
- Terrasse mit Blick auf den Balmhorngletscher, umgeben von Blumenwiesen und Bergtannen
- Moränenlandschaft oberhalb der Hütte
- Aufstieg zum Gasterespitz (ca. 800 Höhenmeter) mit Aussicht auf Kanderfirn und Lötschenpass

Essen & Trinken
- Die Spezialitäten: Balmhornplättli, Wildelsig-Kaffee, Hüttensuppe mit Gastere-Chnebel
- Frischwaren werden von den jeweiligen Hüttenwarten hochgetragen.

Tipp
Balmhornplättli, Blick auf den Balmhorngletscher

▲ *Eine Brücke führt über die Gletscherbach-Schlucht.*

▲ Sicht auf den Balmhorngletscher von der Balmhornhütte SAC.

▼ Ein SAC-typisches Schlafgemach in der Balmhornhütte SAC.

DER ZUSTIEG

🥾 **Ab Hotel Waldhaus**

📶 T3   ↗ 1 h 30 min, 820 Hm

Sehr interessanter, teilweise exponierter Weg, mit Holztreppen ausgebaut und mit Kabeln und Stangen gesichert. Je nach Ausgangspunkt unterschiedlich lang, ab Hotel Waldhaus auch für weniger Konditionsstarke geeignet.

Waldhus – Balmhornhütte SAC
Vom Hotel Waldhaus folgt man dem breiten Weg taleinwärts zu P. 1367 im Gastereholz. Beim holzgeschnitzten Wegweiser hält man an den Fuss der steilen südlichen Talwand. Nun steigt man im Zickzack auf teilweise exponiertem Weg hinauf in den Geröll- und Weidenkessel von Wildelsige. Nach Überschreiten mehrerer Gletscherbäche erreicht man horizontal die Hütte, die idyllisch auf dem untersten Ausläufer des Wildelsigegrats liegt.

Variante: Start in Eggeschwand (bei Kandersteg)
Von Eggenschwand steigt man auf dem Bergweg durch die Chluse zum Hotel Waldhaus im Gasteretal (1 Std.). Das Hotel Waldhaus ist auch mit dem Privatauto über die gebührenpflichtige Strasse mit wechselseitigem Einbahnverkehr erreichbar. Ab Eggeschwand verlängert sich der Zustieg um eine knappe Stunde; nochmals eine halbe Stunde mehr Wanderzeit bei Start ab Kandersteg Bahnhof.

Information
Der gut unterhaltene, teilweise etwas ausgesetzte Hüttenweg ist für trittsichere Wanderinnen und Wanderer geeignet. An steilen Stellen mit Seilen versehen. Gutes Schuhwerk anziehen. Der Hüttenweg sollte schneefrei sein. Ansonsten heikel. Im Spätherbst oft vereiste Passagen.

Anreise
Vom Bahnhof Kandersteg mit dem Bus zur Haltestelle Kandersteg, Neubrücke/Waldhaus. Busbetrieb nur im Sommerhalbjahr.

Karten
LK 1:25 000, Blatt 1267   Gemmi
LK 1:50 000, Blatt   263   Wildstrubel

Karte und Route ▲

DOLDENHORNHÜTTE SAC
1915 m

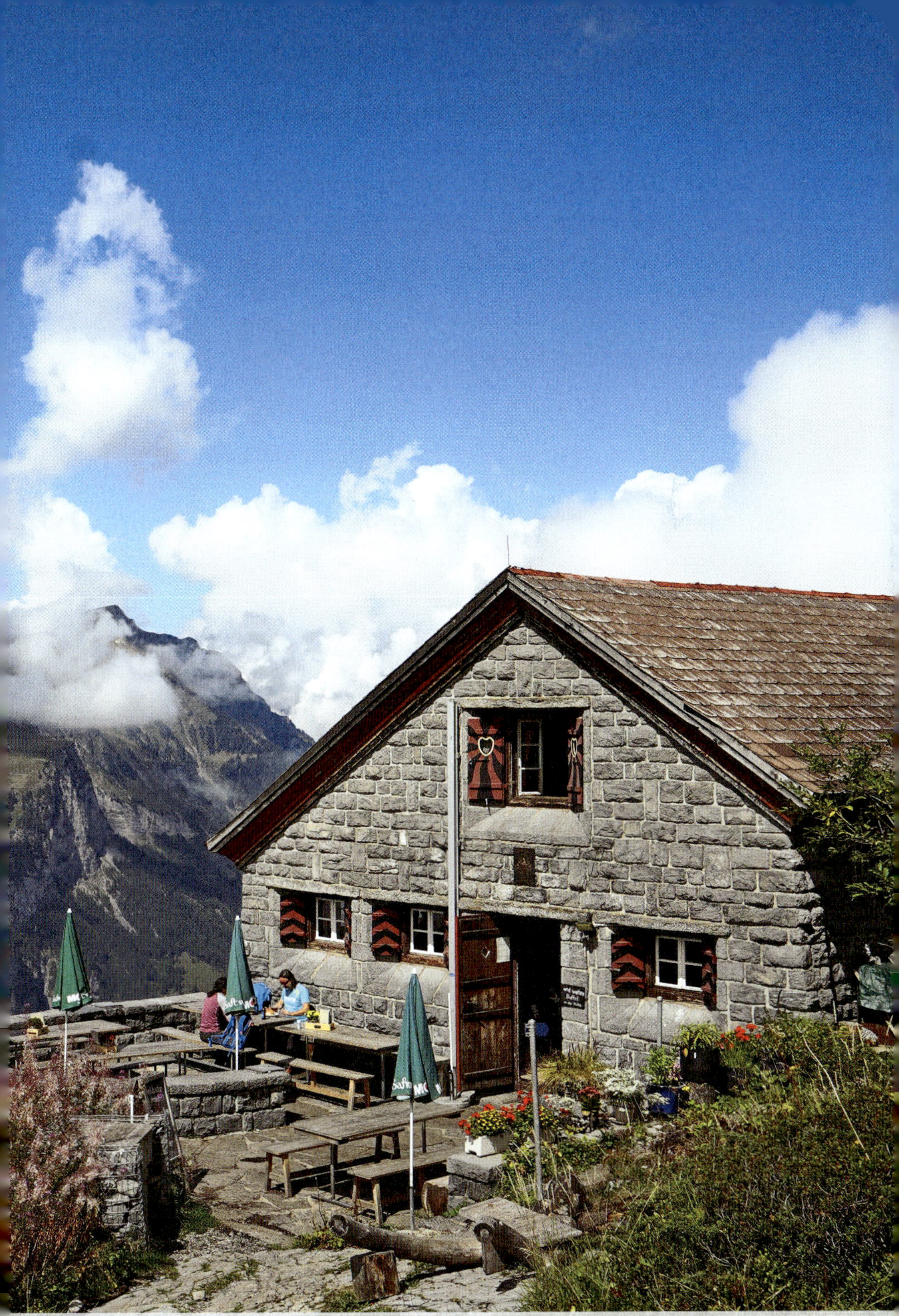

DOLDENHORNHÜTTE SAC (1915 m)

Beliebte Bergwanderhütte auf einem Felsvorsprung über dem Dorf Kandersteg, in ursprünglicher Bauweise und mit traditioneller, einfacher, aber sehr heimeliger Ausstattung. Die alpine Umgebung ist auch familienfreundlich und bekannt für die vielfältige Flora. Gleich neben der Hütte lockt der Ausblick auf den Oeschinensee.

Hütte bewartet

Jan	Jul
Feb	Aug
Mär	Sep
Apr	Okt
Mai	Nov
Jun	Dez

Schlafplätze: 36

📞 +41 33 675 16 60

✉ info@doldenhornhuette.ch

www.doldenhornhuette.ch

🧭 E 2'619'870 / N 1'148'430

▲ *Die bunt-fröhliche Ausstattung der Schlafräume.*

▲ *Das Alpenbad in Hüttennähe.*

DIE HIGHLIGHTS

Auf dem Hüttenweg
- Der Weg führt durch schöne Lärchen- und Arvenwälder, wunderbare Aussicht auf den Oeschinensee.
- Auf halber Strecke: Feuerstelle an einem Bach im schattigen Wald

Rund um die Hütte
- Das Alpenbad lockt: Abkühlung in der Natursteinbadewanne oberhalb der Hütte.
- Heidelbeeren sammeln rund um die Hütte
- Rund 30 Minuten von der Hütte entfernt: Aussichtspunkt mit traumhaftem Blick auf den Oeschinensee und die Blüemlisalpkette

Essen & Trinken
- Traditionelle und regionale Produkte: Die Hüttenwarte kennen ihre Lieferanten persönlich.
- Alpkäse von der gleich gegenüber liegenden Alp Ueschinen
- Hüttenbier, gebraut von den lokalen Bierbrauern 3714 Frutigbier

Tipp: Natursteinbadewanne Alpenbad

▲ *Steinböcke in der Umgebung der Hütte.*

▲ Käse von der gegenüberliegenden Alp Ueschinen.

▼ Der Hüttenweg führt durch schöne Waldpartien mit Arven und Lärchen.

DER ZUSTIEG

🚶 **Von Kandersteg**

📶 T2   ↗ 2 h 30 min, 750 Hm

Der Normalweg zur Doldenhornhütte SAC führt auf gutem, abwechslungsreichem Bergweg von Kandersteg zur Hütte. Je nach Jahreszeit ist eine reichhaltige und einzigartige Blumenpracht zu bestaunen. Die Variante über Dürreschwand bietet sich an, um Auf- und Abstieg verschieden zu gestalten

Kandersteg – Öschibach – Undere Biberg
Vom Bahnhof Kandersteg (1171 m) folgt man dem südlich des Öschibachs verlaufenden Fahrweges Richtung Oeschinensee bis zur Abzweigung des eigentlichen Hüttenweges im Oeschiwald (Wegweiser). Man steigt zuerst steil durch den Wald hoch und quert unter einer überhängenden und immer nassen Felswand hindurch hinauf zu P. 1468. Nun folgt man dem Weg nach Westen wenig ansteigend zum Undere Biberg, wo man auf den Weg trifft, der über Dürreschwand hochführt.

Undere Biberg – Doldenhornhütte SAC
Vom Undere Biberg steigt man durch den Wald steil zum Obere Biberg und von dort nur noch wenig ansteigend in nordöstlicher Richtung zur Hütte.

Variante: Über Holzfad / Dürreschwand
Vom Bahnhof Kandersteg (1171 m) folgt man zuerst der Strasse östlich der Geleise bis Hinder de Büele, quert anschliessend nach Südosten zum Waldhotel Doldenhorn. Hier beginnt der Bergweg, auf dem man zuerst steil ansteigend nach Dürreschwand und später flach zum Undere Biberg steigt. Etwa 15 Minuten länger als die Hauptroute.

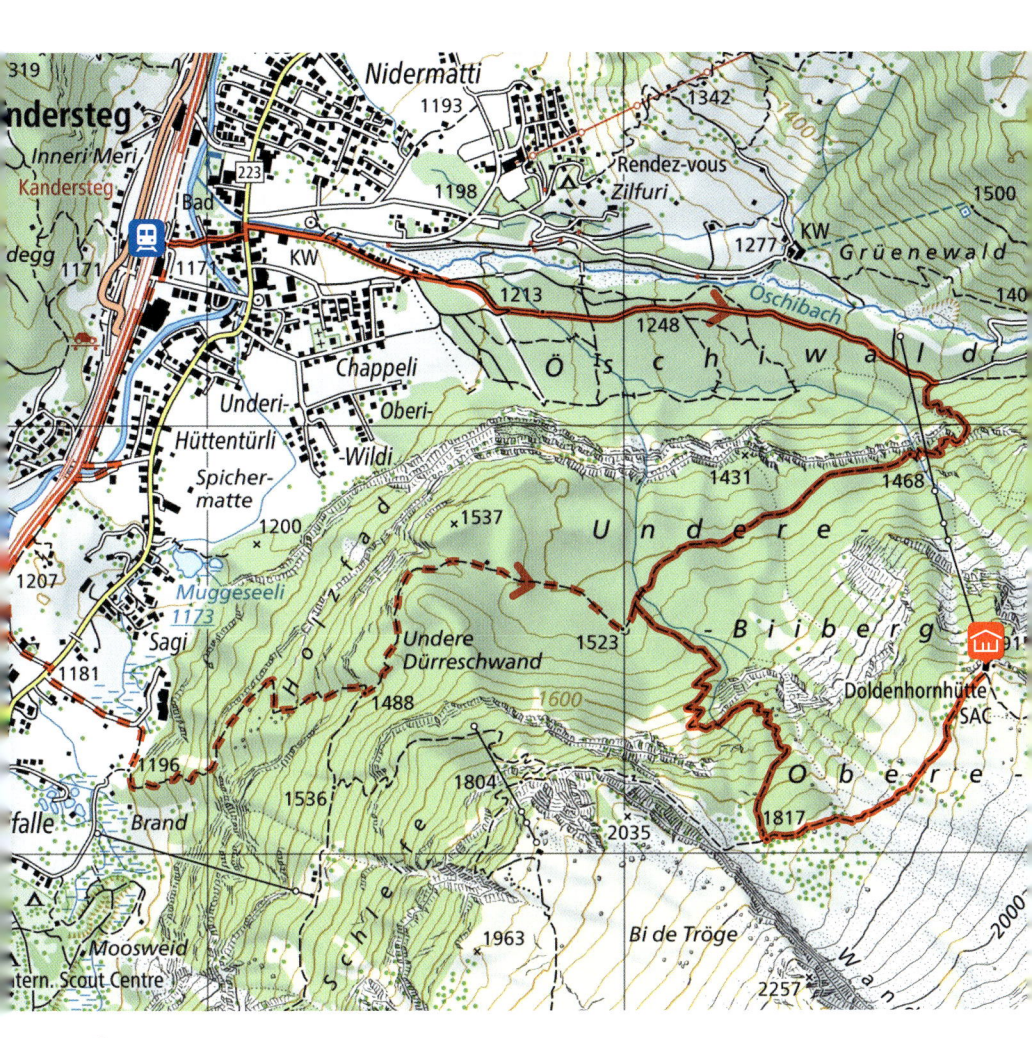

Anreise
Mit dem Zug nach Kandersteg. Parkplätze gibt es bei der Oeschinenbahn.

Karten
LK 1:25 000, Blatt 1247   Adelboden
LK 1:50 000, Blatt   263   Wildstrubel

Karte und Route ▲

LÄMMERENHÜTTE SAC
2507 m

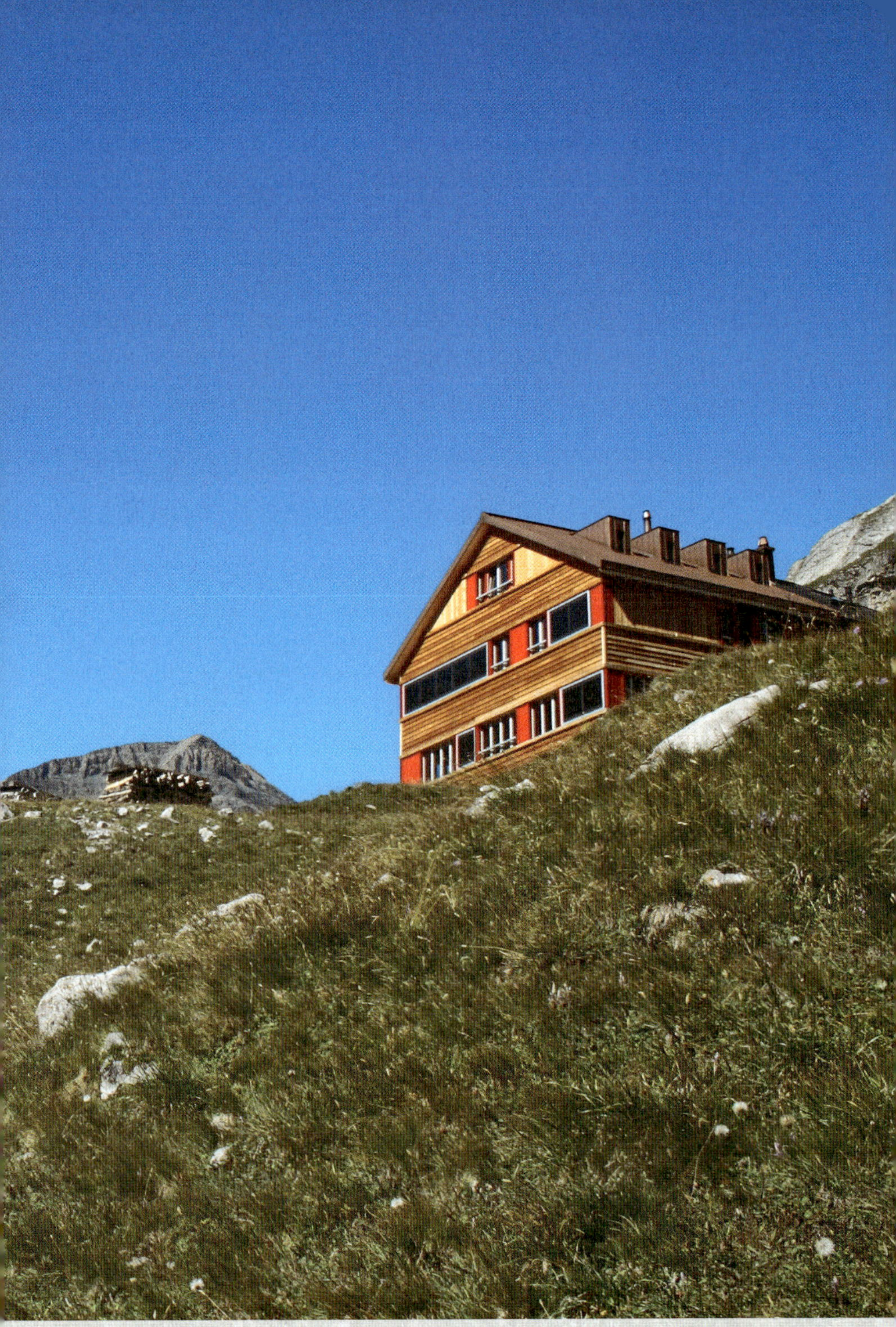

LÄMMERENHÜTTE SAC (2507 m)

Stattliches SAC-Haus an erhabener Lage über dem Gemmipass. Flankiert von mächtig aufragenden Felswänden, der Blick reicht hinüber zu Balmhorn und Altels sowie zum Bietschhorn. Die familienfreundliche Hütte ist Ausgangspunkt für bekannte Wanderungen Richtung Leukerbad, Kandersteg und Adelboden. Für Abkühlung sorgt das Bad im Lämmeren- oder im Hüttensee. Zahlreiche Klettermöglichkeiten und Hochtouren komplettieren das Angebot.

Hütte bewartet

Jan	Jul
Feb	Aug
Mär	Sep
Apr	Okt
Mai	Nov
Jun	Dez

Schlafplätze: 96

+41 27 470 25 15

info@laemmerenhuette.ch

www.laemmerenhuette.ch

E 2'610'450 / N 1'138'780

▲ *Füsse abkühlen und im Matsch waten im Lämmerensee.*

▲ *Die Wanderung führt durch die Auenlandschaft Lämmerenboden.*

DIE HIGHLIGHTS

Auf dem Hüttenweg
- Fahrt mit der Gemmibahn mit Aussicht auf die Walliser 4000er
- Lämmerensee, ca. 50 Minuten ab Bergstation Gemmibahn
- Vor Heimreise: Thermalbad in Leukerbad
- Zugang via Kandersteg und Sunnbühl (T2, 4 Stunden)

Rund um die Hütte
- Abkühlung im Hüttensee, gleich neben der Lämmerenhütte SAC

Essen & Trinken
- Die Spezialität des Hauses: frisch gebackener Früchtekuchen

Tipp: Abkühlung im Lämmerensee

▲ *Dort oben thront sie! Blick vom westlichen Ende des Lämmerenbodens hoch zum Wanderzie*

▲ Regenbogen und Steinmannli – eine alpine Märchenlandschaft.

▼ Die Murmeli begrüssen sich nach ihrem Winterschlaf.

DER ZUSTIEG

🚶 **Vom Gemmipass**

📶 T2   ↗ 1 h 30 min, 250 Hm   ↘ 80 Hm

Der Zustieg über den historischen, 1739 erbauten Weg durch die Südwand unter dem Gemmipass ist landschaftlich reizvoll und viel begangen. Viel bequemer ist es, diesen Teil mit der Gemmibahn hinaufzuschweben.

Gemmipass – Lämmerenhütte SAC

In wenigen Minuten Abstieg erreicht man von der Bergstation der Luftseilbahn Leukerbad-Gemmipass den Gemmipass bei P. 2268. Dort folgt man dem Weg zum Jägerbode und weiter westwärts durch die Schwemmlandebene des Lämmerenboden zu P. 2312, direkt unter der Steilstufe, auf der die Hütte thront. Über einen Steilhang steigt man westlich eines Bacheinschnittes steil an und erreicht nach knapp 200 Hm die Lämmerenhütte SAC.

Variante: Zu Fuss ab Leukerbad

Vom Busbahnhof Leukerbad gelangt man durch das Dorf bis knapp zur Talstation der Gemmibahn. Man folgt nun dem historischen Gemmiweg über Platten und Schmitten hinauf zum Gemmipass (2268 m). Die Wanderzeit zur Hütte beträgt rund 4 Stunden und es gilt, 1100 Höhenmeter zu bewältigen.

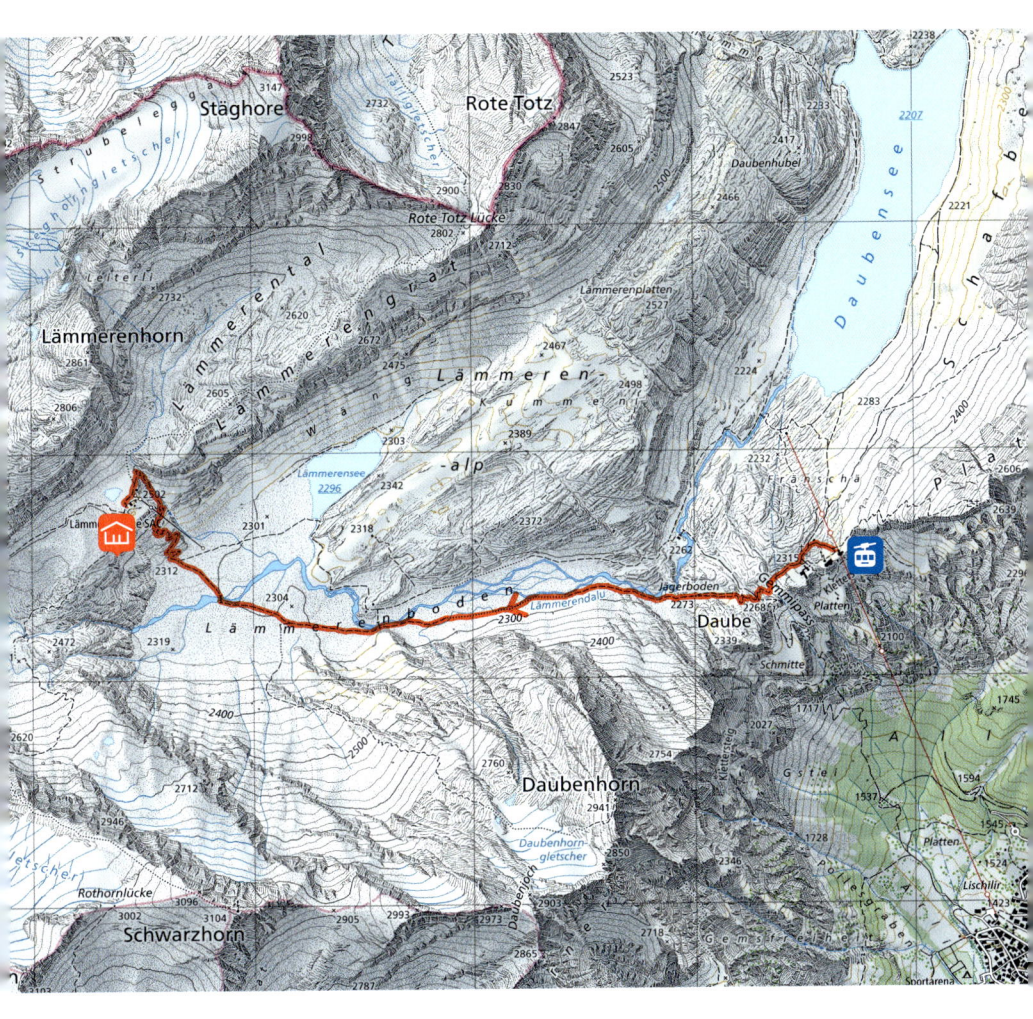

Anreise
Mit dem Zug nach Leuk und umsteigen auf den Bus nach Leukerbad. Nun entweder mit dem Ortsbus zur Talstation der Luftseilbahn Leukerbad–Gemmipass oder zu Fuss in rund 10 Minuten. Die Bahn fährt im Sommerhalbjahr von Ende Mai bis Anfang November alle 30 Minuten, bei viel Betrieb alle 10 Minuten.

Karte und Route ▲

Karten
LK 1:25 000, Blatt 1267   Gemmi
LK 1:50 000, Blatt   263 Wildstrubel

WILDSTRUBELHÜTTE SAC
2793 m

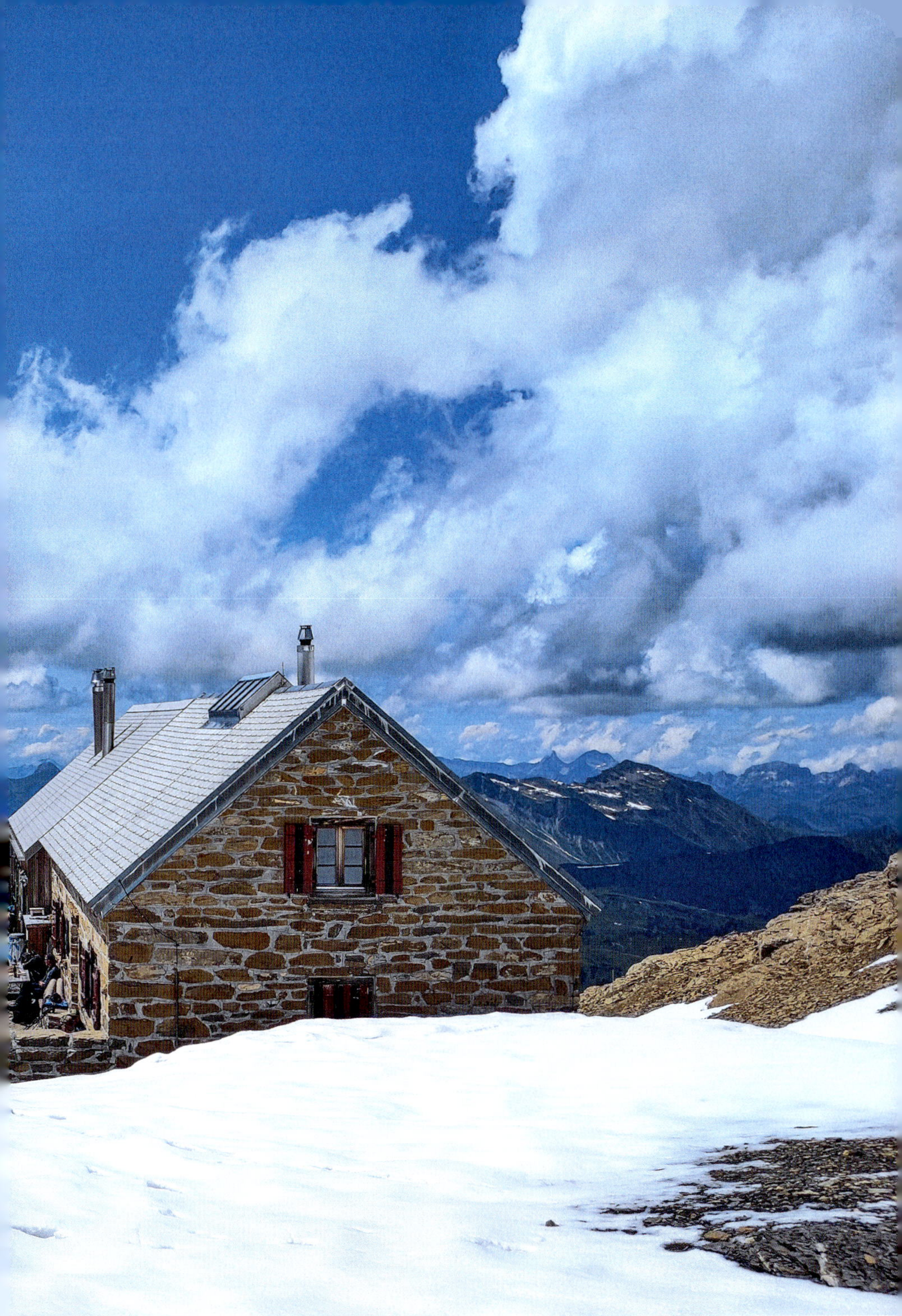

WILDSTRUBELHÜTTE SAC (2793 m)

Von der Walliser Seite ist die Wildstrubelhütte SAC dank Bergbahnen in gut einer Stunde erreichbar und damit ein beliebtes Ziel für Wanderer und Bikerinnen. Die Hütte befindet sich in einer kargen, steinigen Landschaft; mit einer Lage auf knapp 2800 Metern gehört sie zu den höheren Wanderhütten. Rund um die Hütte kann die karge, alpine Landschaft entdeckt werden. Wer übernachtet, geniesst tolle Sonnenuntergänge.

Hütte bewartet

Jan	Jul
Feb	Aug
Mär	Sep
Apr	Okt
Mai	Nov
Jun	Dez

Schlafplätze: 68

☎ +41 33 744 33 39

🖥 info@wildstrubelhuette.ch

www.wildstrubelhuette.ch

🧭 E 2'602'270 / N 1'136'800

▲ Die Rawilseeleni liegen rund 40 Minuten unterhalb der Wildstrubelhütte SAC am Zustieg ab Iffigenalp.

▲ *Die Vegi-Rösti mit eingelegten Tomaten.*

DIE HIGHLIGHTS

Auf dem Hüttenweg
- Zustieg sowohl von der Berner als auch der Walliser Seite möglich
- Auf der Walliser Seite Start auf 2881 m dank der Seilbahn zum Glacier de la Plaine Morte

Rund um die Hütte
- Faszinierende, karge, hochalpine Landschaft
- Diverse Klettergärten
- Die malerischen Rawilseeleni liegen rund 40 Minuten unterhalb der Wildstrubelhütte SAC.

Essen & Trinken
- Feine Rösti und Kuchen
- Gerne wird auch vegetarisch gekocht.

Tipp
Hausgemachte Rösti, auch in vegetarischen Variationen

▲ *Auf dem Zustieg von der Pointe de la Plaine Morte: die Wisshorelücke.*

▼ *Sonnenaufgang über dem Glacier de la Plaine Morte. Im Hintergrund das Wildstrubelmassiv.*

▲ Das Auge isst mit beim schön dekorierten Salat ...

▼ ... und der gluschtigen Rüeblitorte.

DER ZUSTIEG

🥾 Von Montana über die Wisshorelücke

📊 T3   ↗ 1 h 15 min, 170 Hm   ↙ 260 Hm

Dank den Bergbahnen von Crans-Montana hinauf zum Glacier de la Plaine Morte ist der Zustieg zur Wildstrubelhütte ein Katzensprung.

Glacier-de-la-Plaine-Morte, Bergstation – Wisshorelücke – Wildstrubelhütte SAC

Von der Bergstation der Seilbahn Plaine Morte (2881 m) steigt man zuerst auf die Pointe de la Plaine Morte (2926 m). Von hier folgt man dem Weg über den Geröll- oder Firnrücken hinunter in den Sattel P. 2740. Weiter folgt man dem Pfad westlich der Pointe de Vatseret und später nach Westen aufsteigend zur Wisshorelücke (2851 m). Nach der Lücke führt der Pfad in nordwestlicher Richtung hinunter zur Wildstrubelhütte SAC.

Gut zu wissen

Der Zustieg sowie die Hütte selbst befinden sich auf 2800 m und höher. In dieser Höhe kann das Wetter rasch ändern. Schneefall ist auch im Sommer möglich. Der Wanderweg ist gut ausgebaut, kann im Frühsommer aber noch längere Zeit teils mit Schnee bedeckt sein. Wichtig sind gutes Schuhwerk und angemessene, warme Kleidung.

Variante: Zustieg von der Iffigenalp

Als Alternative zum Zustieg mit den Bergbahnen von der Walliser Seite her ist auch der Zustieg ab der Berner Seite, ab Iffigenalp, möglich. Der Bus zur Iffigenalp fährt von Mitte Juni bis Mitte Oktober und somit etwas länger als die Bergbahnen ab Crans-Montana. Die Schwierigkeit ist mit T2 etwas leichter bewertet, aber die Marschzeit mit 3½ Stunden und rund 1200 Höhenmetern länger. Wieso nicht eine Überschreitung mit Übernachtung planen?

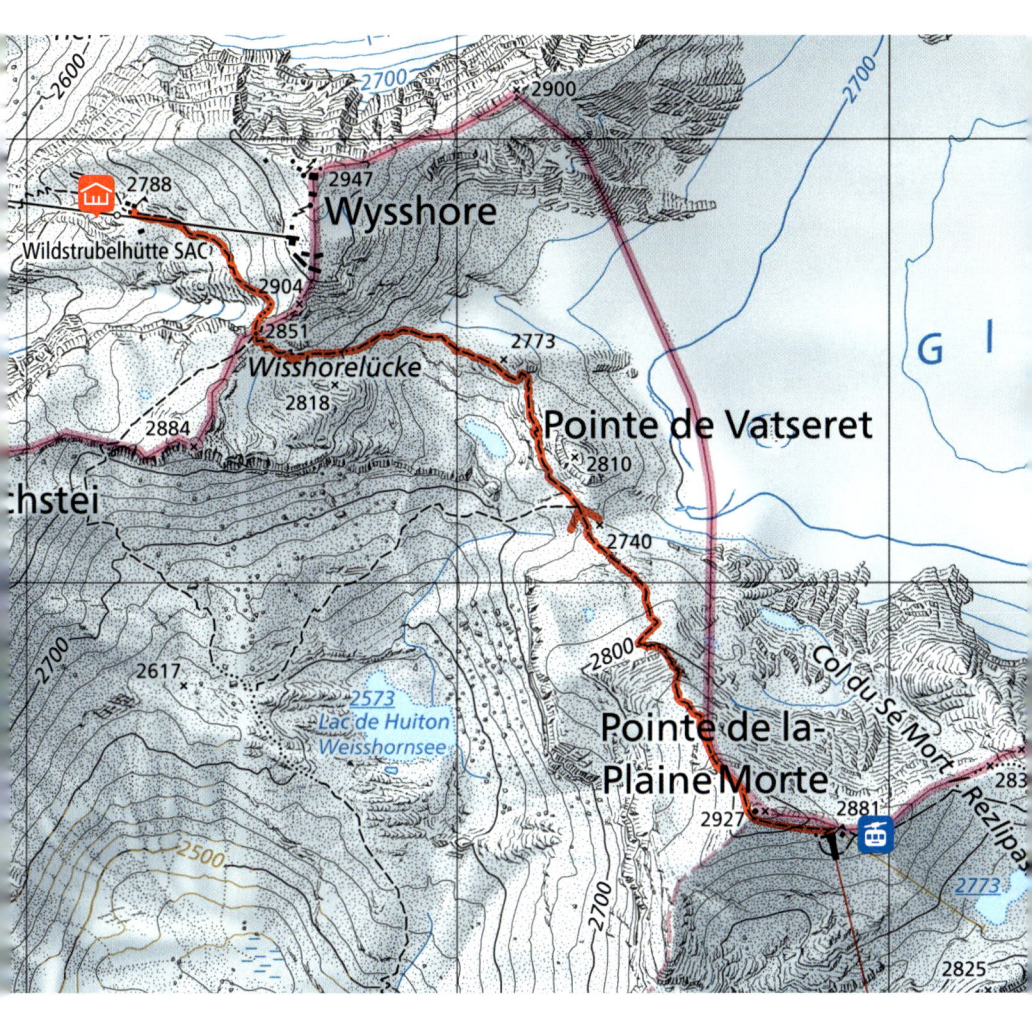

Anreise
Vom Bahnhof Sierre zu Fuss zur Standseilbahn nach Montana. Weiter mit dem Ortsbus oder zu Fuss (15 min) zur Talstation der Gondelbahn Barzettes–Violettes. In Violettes weiter mit der Luftseilbahn nach Plaine Morte. Die beiden Bergbahnen sind von Mitte Juli bis Mitte September in Betrieb.

Karte und Route ▲

Karten
LK 1:25 000, Blatt 1266   Lenk
LK 1:50 000, Blatt   263   Wildstrubel

CABANE DES VIOLETTES CAS
2209 m

Cabane des Violettes CAS

CABANE DES VIOLETTES CAS (2209 m)

Die Lage der Cabane des Violettes CAS auf dem Felssporn über Montana ist eindrücklich und aussichtsreich. Der Blick reicht vom Oberwallis über Weisshorn und Matterhorn bis zu Grand Combin und Mont Blanc. Im Sommer und Winter ist der Zugang zum Berggasthaus möglich – zu Fuss, von der Skipiste aus, mit Mountainbike oder Gondelbahn. Das traditionelle SAC-Haus mit Steinmauerwerk, rot-weissen Fensterläden und einigen Schlafplätzen ist ein schöner Kontrast zur touristisch geprägten Region.

Hütte bewartet

Jan	Jul
Feb	Aug
Mär	Sep
Apr	Okt
Mai	**Nov**
Jun	Dez

Schlafplätze: 24

+41 27 481 39 19

info@cabanedesviolettes.ch

www.cabanedesviolettes.ch

E 2'604'730 / N 1'132'330

DIE HIGHLIGHTS

Auf dem Hüttenweg
- Sehr kurzer Zustieg von der Bergstation Violettes

Rund um die Hütte
- Grosse, nach Süden ausgerichtete Sonnenterrasse
- Reichhaltiges Bergsportangebot von Wandern über Klettersteige bis zu Mountainbiketouren (Trails von und nach Crans-Montana)

Essen & Trinken
- Gourmetkarte mit Walliser Spezialitäten
- Frühstück Montagnard (Bergler-Zmorge)

Tipp: Grosse Sonnenterrasse, Bergsportmöglichkeiten, Bergler-Zmorge

▲ *Was für ein Festmahl!*

DER ZUSTIEG

🥾 Von Montana

📶 T1   ↗ 2 h 30 min, 770 Hm

Mit dem Mountainbike hoch- und vor allem wieder runterfahren ist eine sehr gute Option für Bikefans. Informationen und Routenkarten unter www.crans-montana.ch. Wer es gerne sehr, sehr kurz mag: Von Montana ist man in 2 Minuten bei der Hütte.

Montana (Bergstation Sierre-Montana) – Les Marolies
– Pépinet – Cabane des Violettes CAS
Die Tour kann mittels verschiedener Bahnen abgekürzt werden. Von Montana (1477 m, Bergstation der Standseilbahn Sierre-Montana) zu Fuss oder mit dem Ortsbus zur Talstation der Luftseilbahn zum Glacier de la Plaine Morte. Mit der Bahn (oder zu Fuss über Les Marolies und Pépinet) zur Hütte.

▲ *Inmitten des Skigebiets und der Wanderwege von Crans-Montana gelegen.*

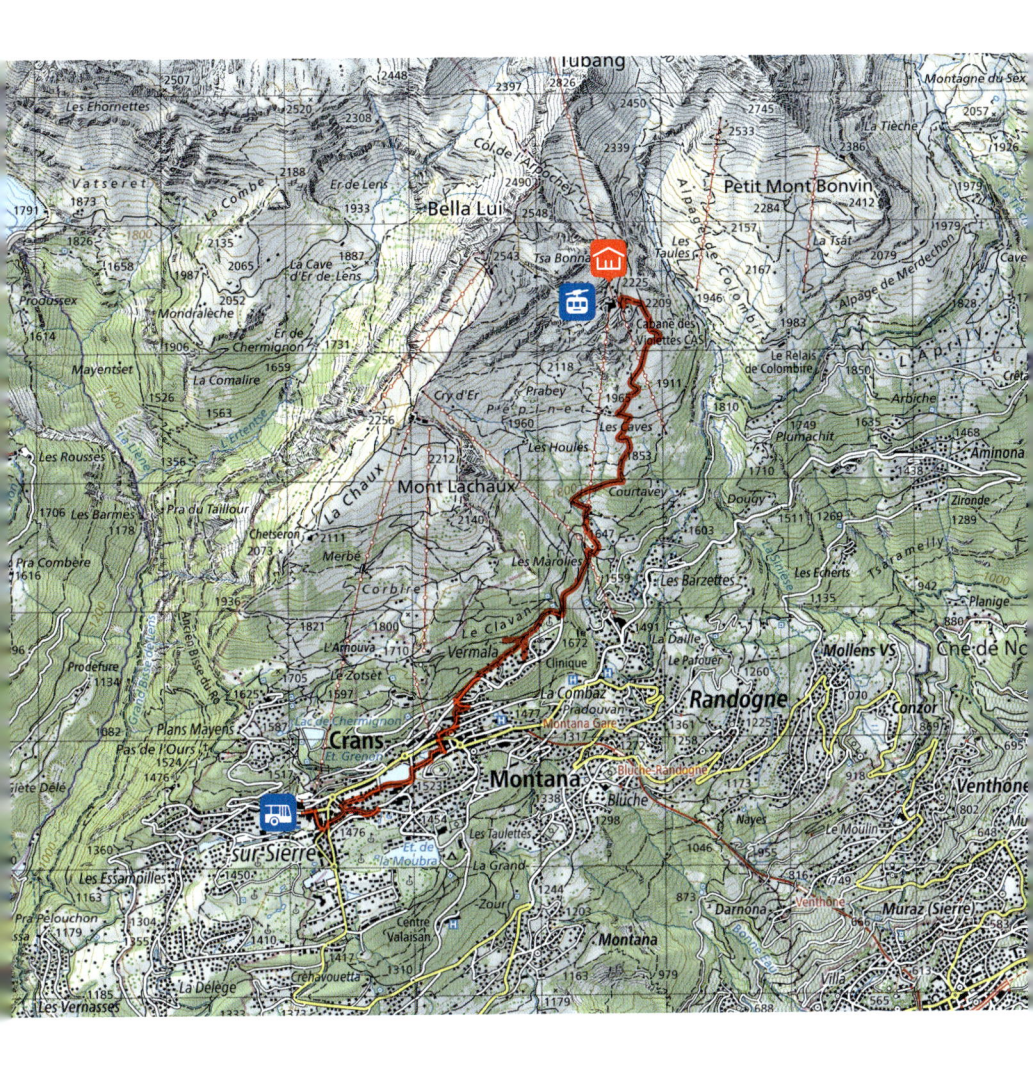

Anreise
Mit dem Zug nach Sierre, dann mit der Funi oder dem Bus nach Crans-Montana. Zu Fuss oder mit der Gondelbahn Violettes Express hinauf zur Hütte.

Karten
LK 1:25 000, Blatt 1287   Sierre
LK 1:50 000, Blatt   273   Montana

Karte und Route ▲

WILDHORNHÜTTE SAC
2303 m

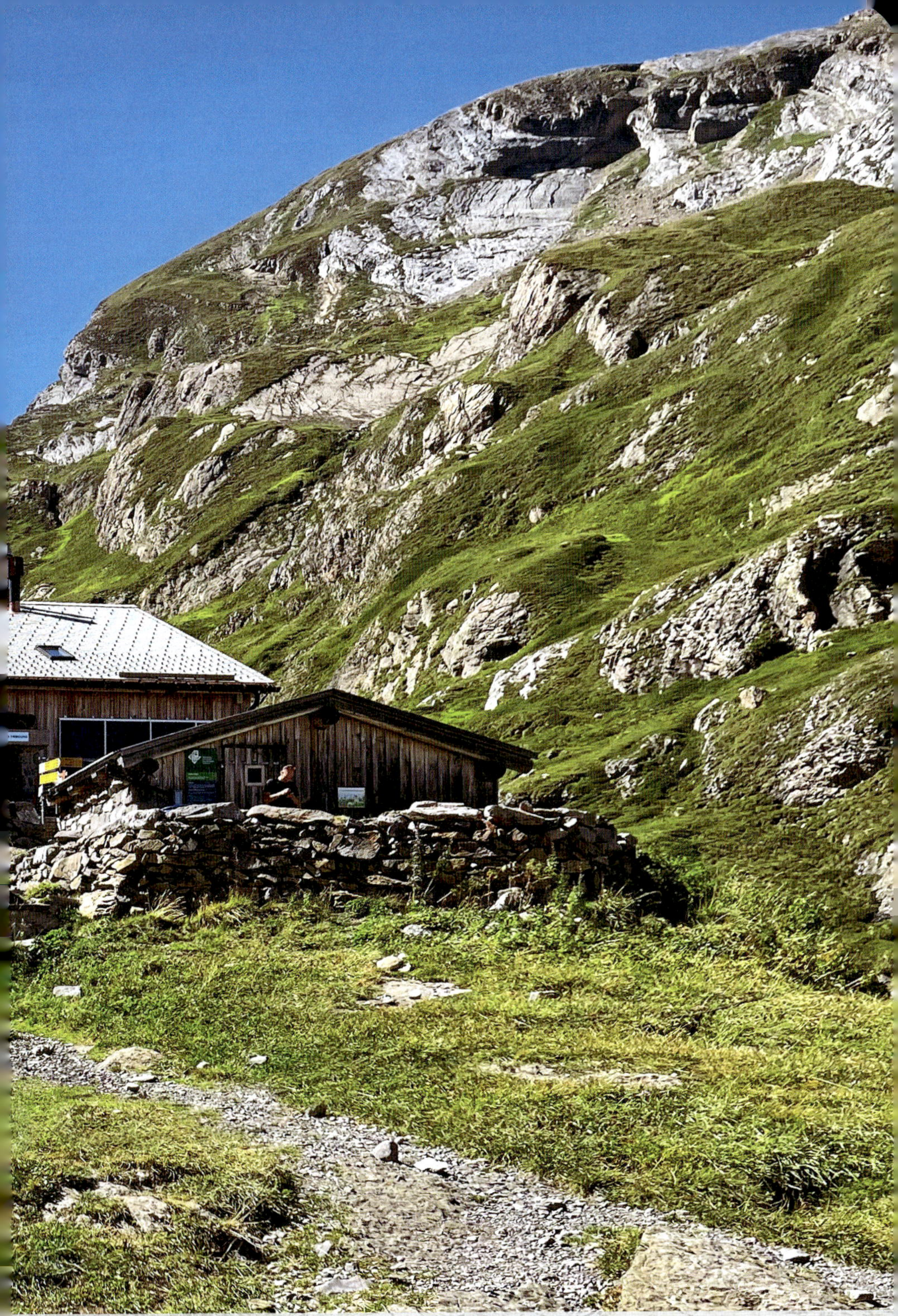

WILDHORNHÜTTE SAC (2303 m)

Die Wildhornhütte liegt oberhalb des Iffigsees auf 2303 Metern am Fusse des Wildhorns im bezaubernden Naturschutzgebiet Gelten-Iffigen. Die Gaststube ist das Herz der Wildhornhütte SAC. Hier trifft man sich zum gemütlichen Beisammensein, zu einem Jass oder einfach, um die Wärme des Schwedenofens zu geniessen. Bei schönem Wetter lockt die Terrasse mit Aussicht auf die umliegende Bergwelt.

Hütte bewartet

Jan · Jul
Feb · Aug
Mär · Sep
Apr · Okt
Mai · Nov
Jun · Dez

Schlafplätze: 96

📞 +41 33 733 23 82

🖥 info@wildhornhuette.ch

www.wildhornhuette.ch

🧭 E 2'596'100 / N 1'136'430

▲ *Blick vom Schnidehore. Die Wildhornhütte SAC ist in der Bildmitte hinter der Felskuppe sichtbar.*

▲ *Diese Käseschnitte lässt keine Wünsche offen.*

DIE HIGHLIGHTS

Auf dem Hüttenweg
- Ein gut ausgebauter, nicht ausgesetzter Wanderweg führt durch das idyllische Iffigtal am Iffigsee vorbei.
- Der Iffigsee lädt zum Verweilen ein. Oder gar zu einem erfrischenden Bad?

Rund um die Hütte
- Umliegende Wandergipfel. Z. B. das Iffighore (2378 m) kann im Auf- oder Abstieg besucht werden.
- Klettergarten mit einfachen Routen
- Das Schnidejoch (1 h 30 min ab Hütte) ist Fundort von Objekten aus der Jungstein- und der Römerzeit.

Essen & Trinken
- Köstlichkeiten aus regionalen Zutaten
- Hausgemachte Kuchen und Torten
- Der Klassiker: Käseschnitten in verschiedenen Variationen

Tipp
Käseschnitten und hausgemachte Kuchen

Wildhornhütte SAC

▲ *Schroffe Felswände am südlichen Ufer, sanfte Alpweid am nördlichen Ufer. Der auf 2065 Metern gelegene Iffigsee ist ein malerischer Ort.*

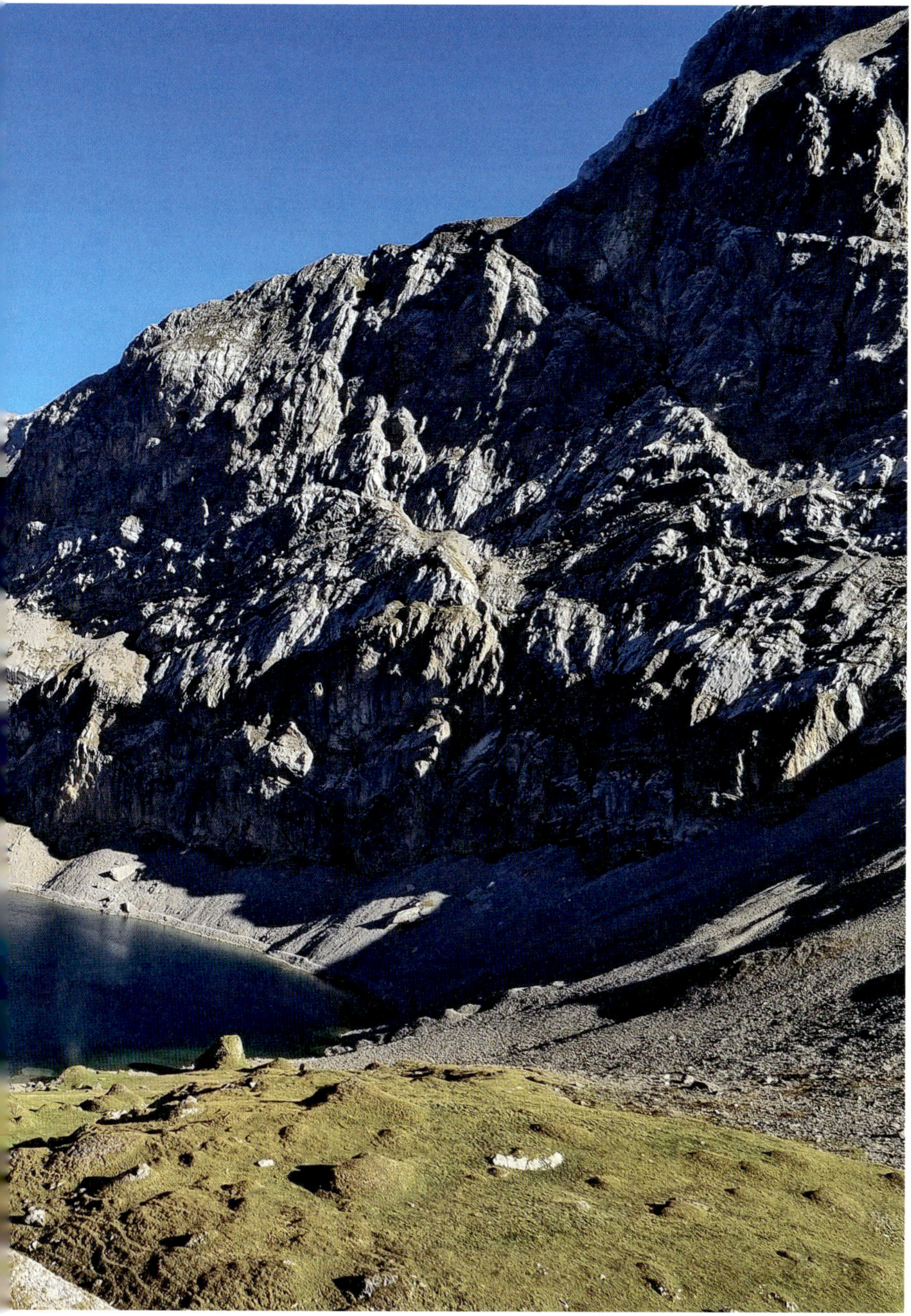

DER ZUSTIEG

🚶 Von der Iffigenalp

📶 T2   ↗ 2 h 30 min, 620 Hm

Kürzester Anstieg, sofern man den Bus von der Lenk zur Iffigenalp benutzt. Wandert man schon ab der Lenk, verlängert sich der Zustieg um 2½ Stunden.

Iffigenalp – Iffigsee – Wildhornhütte SAC
Von der Iffigenalp (1585 m) folgt man zuerst dem Fahrweg zur Alp Groppi. Hier steigt man auf dem Bergweg hinauf nach Egge. Danach führt der Weg entlang des Iffigsees zur Alp Stiereiffige. Ab hier wählt man den Weg in südwestlicher Richtung über Sandbode zur Wildhornhütte SAC.

▲ *Die Wildhornhütte SAC ist auch Ausgangspunkt für Skitouren.*

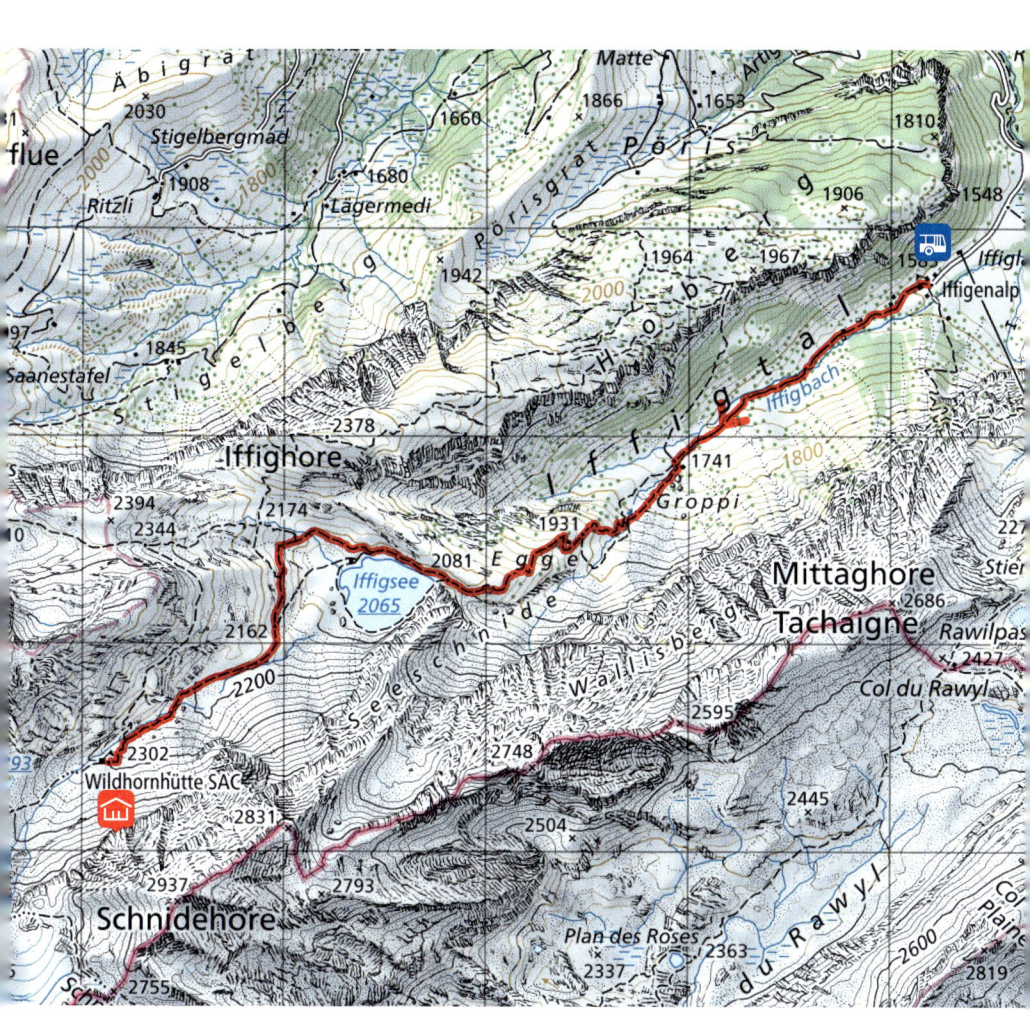

Anreise
Vom Bahnhof Lenk mit dem Bus auf die Iffigenalp, verkehrt mehrmals täglich von Mitte Juni bis Mitte Oktober, beschränkte Platzzahl. Parkplätze gibt es auf der Iffigenalp. Bergfahrt mit dem Auto immer von xx.30 bis xx.45, Talfahrt immer von xx.00 bis xx.15 möglich.

Karte und Route ▲

Karten
LK 1:25 000, Blatt 1266   Lenk
LK 1:50 000, Blatt   263   Wildstrubel

GELTENHÜTTE SAC
2002 m

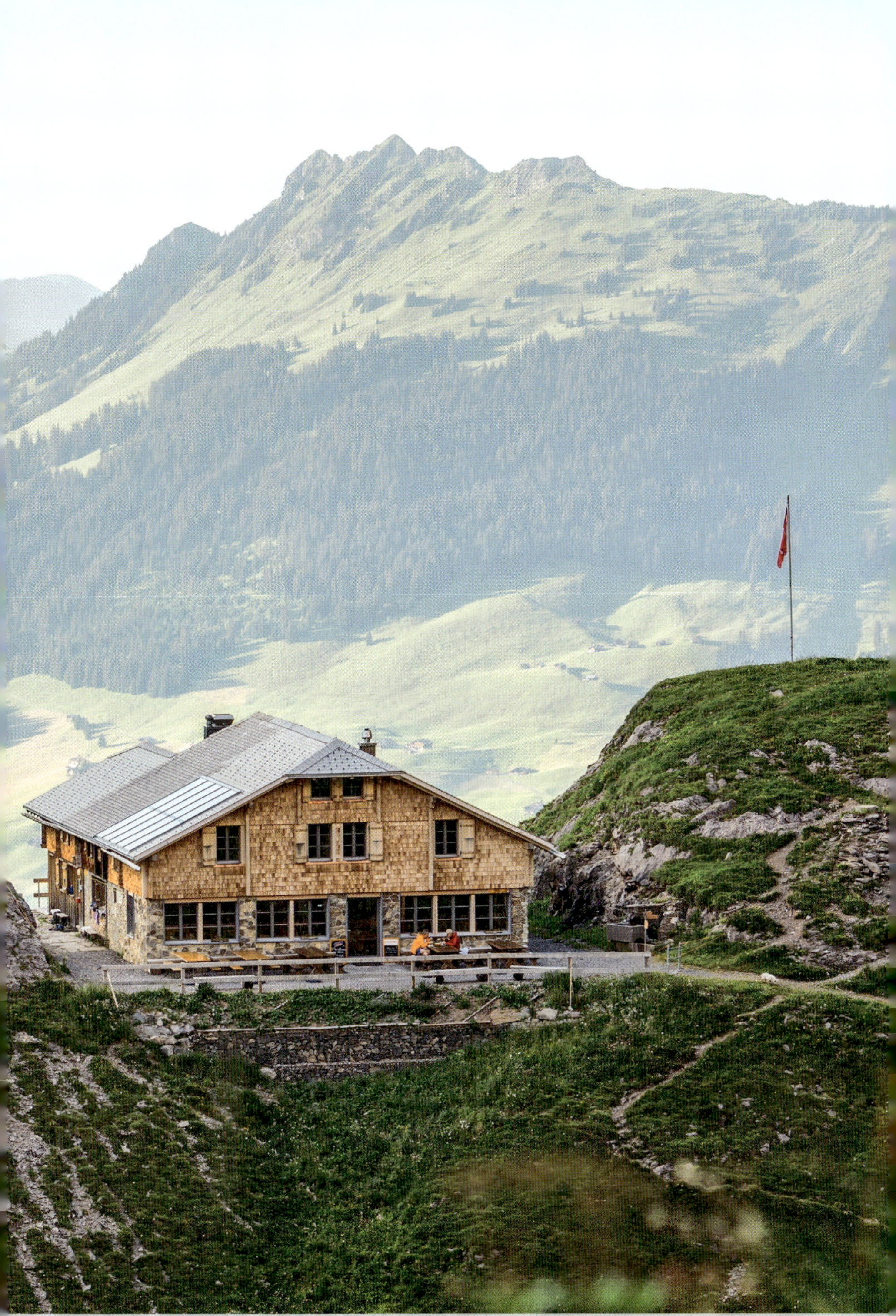

GELTENHÜTTE SAC (2002 m)

Vom idyllischen Lauenensee an wilden Schluchten und dem donnernden Geltenschuss vorbei, zuletzt hinter dem kleinen Wasserfall durch – der Zustieg zur Wander- und Bergsteigerhütte am Fusse des Wildhorns ist schon allein ein eindrückliches Bergerlebnis. In Hüttennähe gibt es zwei schöne Schwemmebenen und auch einen kleinen Klettergarten.

Hütte bewartet

Jan	Jul
Feb	Aug
Mär	Sep
Apr	Okt
Mai	Nov
Jun	Dez

Schlafplätze: 70

📞 +41 33 765 32 20

🖥 info@gelten.ch

www.gelten.ch

🧭 E 2'592'340 / N 1'135'360

▲ *Die geräumige Hüttenstube der Geltenhütte SAC.*

▲ *Das wohlverdiente Dessert nach der Wanderung.*

DIE HIGHLIGHTS

Auf dem Hüttenweg
- Start beim Lauenensee (auf der Landeskarte «Louwenesee»), u.a. bekannt durch das gleichnamige Lied der Berner Mundartrockband Span
- Spektakulärer Wasserfall – der Gälteschutz

Rund um die Hütte
- Viel Platz zum Ausspannen rund um die Hütte
- Schöne Schwemmebenen und kleiner Klettergarten
- Die vor allem im Frühsommer eindrücklichen Wasserfälle des malerischen Rottals (20 Minuten von der Hütte entfernt)

Essen & Trinken
- Tageskarte mit hausgemachter Suppe, Rösti, Käseschnitte
- Erfrischender Geltensprudel (gesprudeltes, frisches Wasser in diversen Aromen)

Tipp: Erfrischender Geltensprudel

▲ Der Wasserfall Gälteschutz stürzt besonders im Frühsommer sehr eindrücklich in die Tiefe

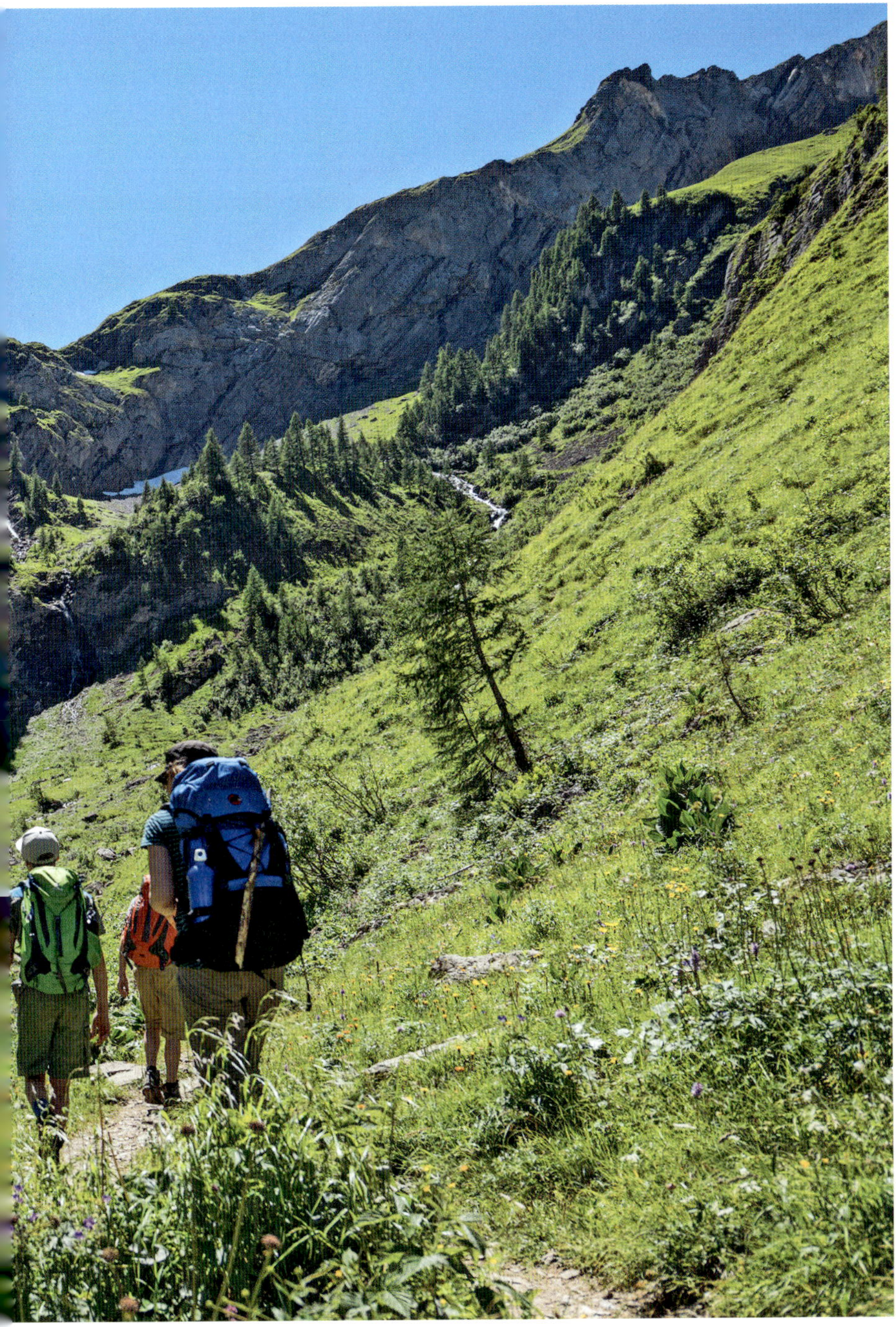

DER ZUSTIEG

🥾 Von Lauenen (Louwenesee – Geltenschuss)

📶 T2   ↗ 3 h 15 min, 830 Hm

Der gebräuchlichste Hüttenzustieg zur Geltenhütte SAC führt immer dem Wasser entlang – um den Weg auszukosten, lohnt sich ein Start bereits im beschaulichen Lauenen. Dort erst im «Rohr» durch feucht-moorige Blumenwiesen, dann in den Auenwald des jungen Louwibachs. Nach der Steilstufe erreicht man das Etappenziel Lauenensee (Landeskarte: Louwenesee) mit Badeoption und Möglichkeit zur kulinarischen Erfrischung. Danach bleibt der gut ausgebaute Bergwanderweg immer in Bachnähe, bis er überraschend einfach dem imposanten Wasserfall Gälteschutz ausweicht. Nun ist es nicht mehr weit zur Geltenhütte SAC, wo weitere Wasserwunder entdeckt werden wollen

Lauenen – Louwenesee – P. 1386

Von der Postautohaltestelle Lauenen, Geltenhorn (1241 m), gelangt man zuerst über die Fahrstrasse zur Rohrbrücke. Man folgt weiter der Talebene durch die Moorlandschaft von Rohr und durch den Auenwald bis P. 1261 bei Rohröy. Hier steigt der Bergweg recht steil an und man erreicht den Louwenesee. Nimmt man bis hierher das Postauto, verkürzt sich die Wanderzeit um 1½ Stunden. Man folgt kurz der Fahrstrasse bis P. 1386.

P. 1386 – Gälteschutz – Geltenhütte SAC

Von P. 1386 folgt man dem Bergweg über Walki zur Ebene bei Undere Feisseberg. Unter dem Gälteschutz steigt man in westlicher Richtung steil über den Zickzackweg an, quert wieder nach Osten, indem man einen kleinen Felsriegel auf einer Rampe überwindet. Der Weg teilt sich nun. Wenig rascher ist der Weg westlich vom Gältebach, der bei P. 1928 den Bach dann ebenfalls überquert. Kurz danach vereinigen sich die Wege wieder und man erreicht gemeinsam die Geltenhütte SAC.

Anreise
Vom Bahnhof Gstaad mit dem Postauto nach Lauenen. Im Sommer fährt das Postauto bis zum Louwenesee (Haltestelle Lauenensee). Das verkürzt die Anstiegszeit um etwa 1½ Stunden. Der Kurs verkehrt mehrmals täglich von Ende Mai bis Mitte Oktober. Parkplätze gibt es bei der Bushaltestelle.

Karte und Route ▲

Karten
LK 1:25 000, Blatt 1266   Lenk
LK 1:50 000, Blatt   263   Wildstrubel

CABANE DES DIABLERETS CAS
2486 m

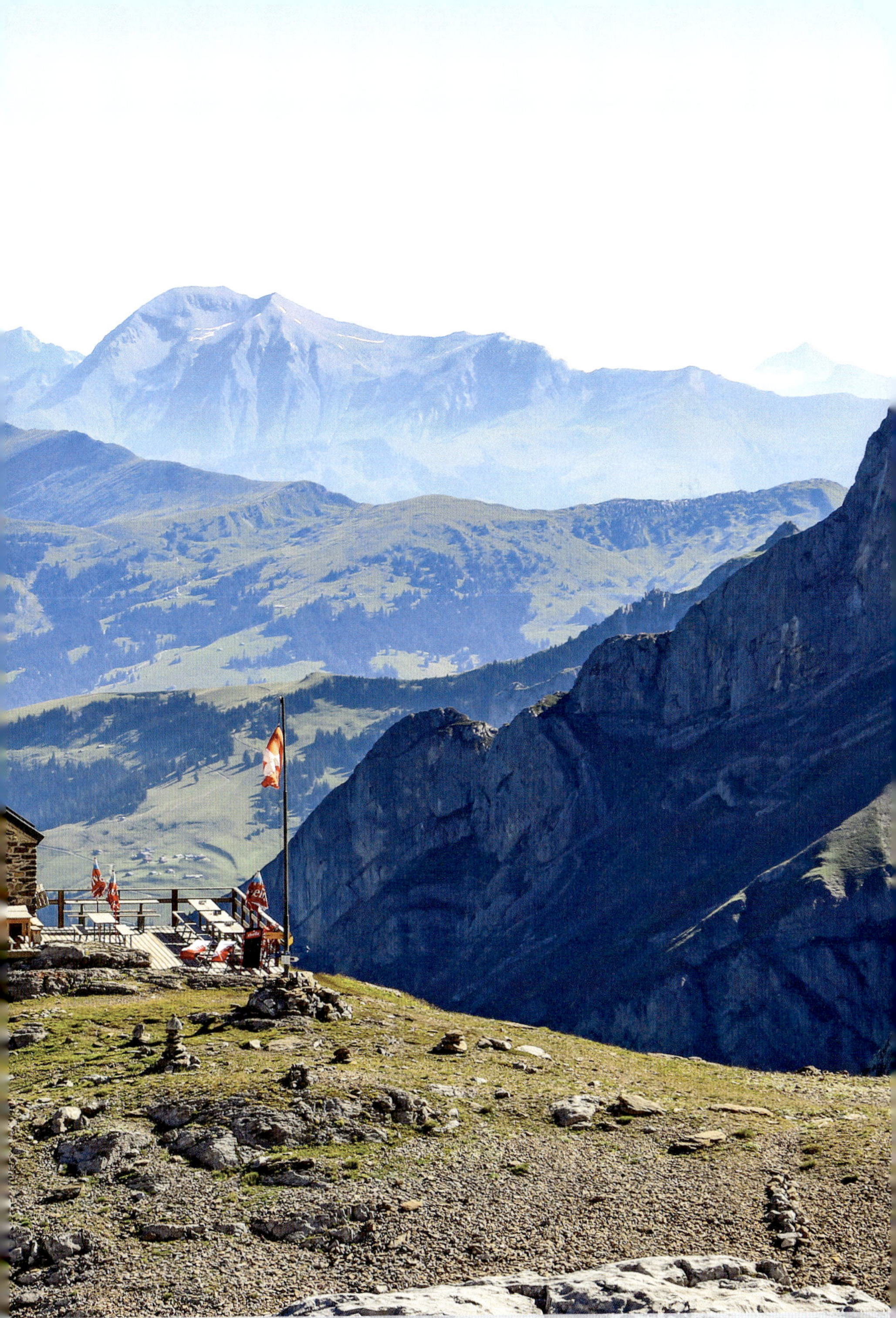

CABANE DES DIABLERETS CAS (2486 m)

Traditionelles, kleines SAC-Berggasthaus bei der Tête aux Chamois, der Mittelstation der Glacier-3000-Bahn zum Gletscherplateau der Diablerets. Als Besonderheit des Ortes über dem Col du Pillon gelten die vielen Kletter- und Tourenmöglichkeiten sowie die nahe gelegenen Klettersteige. Die gemütliche, typische Diablerets-Hütte SAC liegt im Winter im Pistengebiet.

Hütte bewartet

Jan · Jul
Feb · Aug
Mär · Sep
Apr · Okt
Mai · Nov
Jun · Dez

Schlafplätze: 32

+41 24 492 21 02

info@cabane-diablerets.ch

www.cabane-diablerets.ch

E 2'582'810 / N 1'131'950

▲ *Die bequeme Anreise mit der Seilbahn bietet ein tolles Panorama auf die Region Les Diablerets und Col du Pillon.*

▲ *Der charakteristische Steinbau bietet 32 Schlafplätze in Mehrbettzimmern.*

DIE HIGHLIGHTS

Auf dem Hüttenweg
- Sehr kurzer Zustieg von der Bergstation Tête aux Chamois

Rund um die Hütte
- Diverse Veranstaltungen in der Sommer- und Wintersaison: Brunch, Yoga, Vorträge

Essen & Trinken
- Kreative Hauptspeisen und verführerische Desserts – von Hütten-Käseschnitte mit Kimchi bis Apfelkuchen mit salzigem Karamell

Tipp: Kreative Hauptspeisen und verführerische Desserts

DER ZUSTIEG

🚶 Von der Bergstation Tête aux Chamois

⏱ T1 ↗ 5 min, 40 Hm

Wohl der zweitkürzeste Zugang (nach der Cabane des Violettes CAS) zu einer SAC-Hütte – und das noch erst ab der gleichnamigen Haltestelle.

Im Sommer ein kurzer Fussmarsch von der Bergstation Tête de Chamois. Im Winter liegt die Cabane des Diablerets CAS direkt neben der Skipiste im Gebiet Glacier3000.

▲ *Die Cabane des Diablerets CAS ist auch im Winter bewartet.*

Anreise

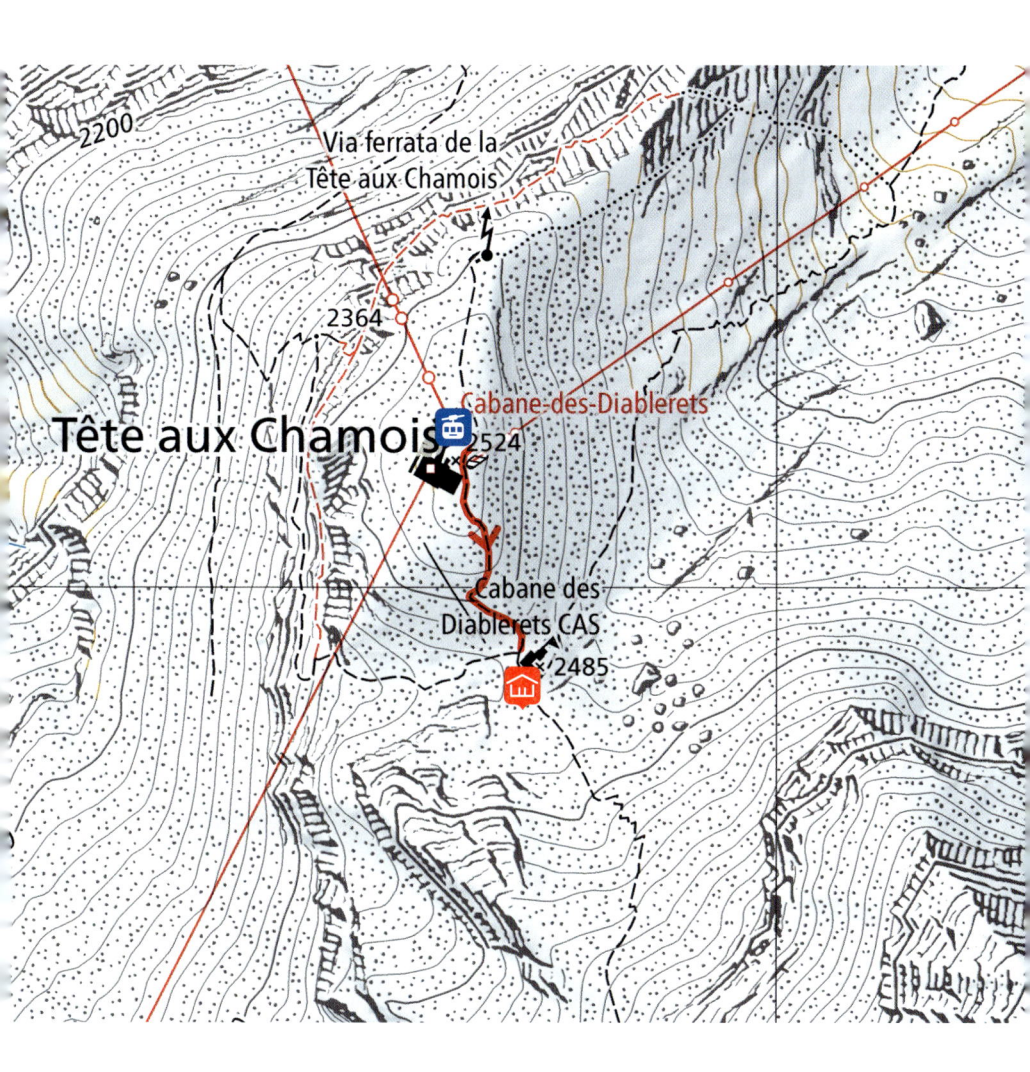

Mit dem Zug via Zweisimmen nach Gstaad. Vom Wallis oder der Westschweiz her kommend nach Les Diablerets. Dann mit Bus zur Seilbahnstation Col-du-Pillon, Glacier 3000.

Karten

LK 1:25 000, Blatt 1285   Les Diablerets
LK 1:50 000, Blatt   272   St-Maurice

Karte und Route ▲

Auf dem Weg zur Schönbielhütte SAC erfreuen sich Wandernde am klassischen Matterhornblick.

WALLISER ALPEN

BINNTALHÜTTE SAC
2267 m

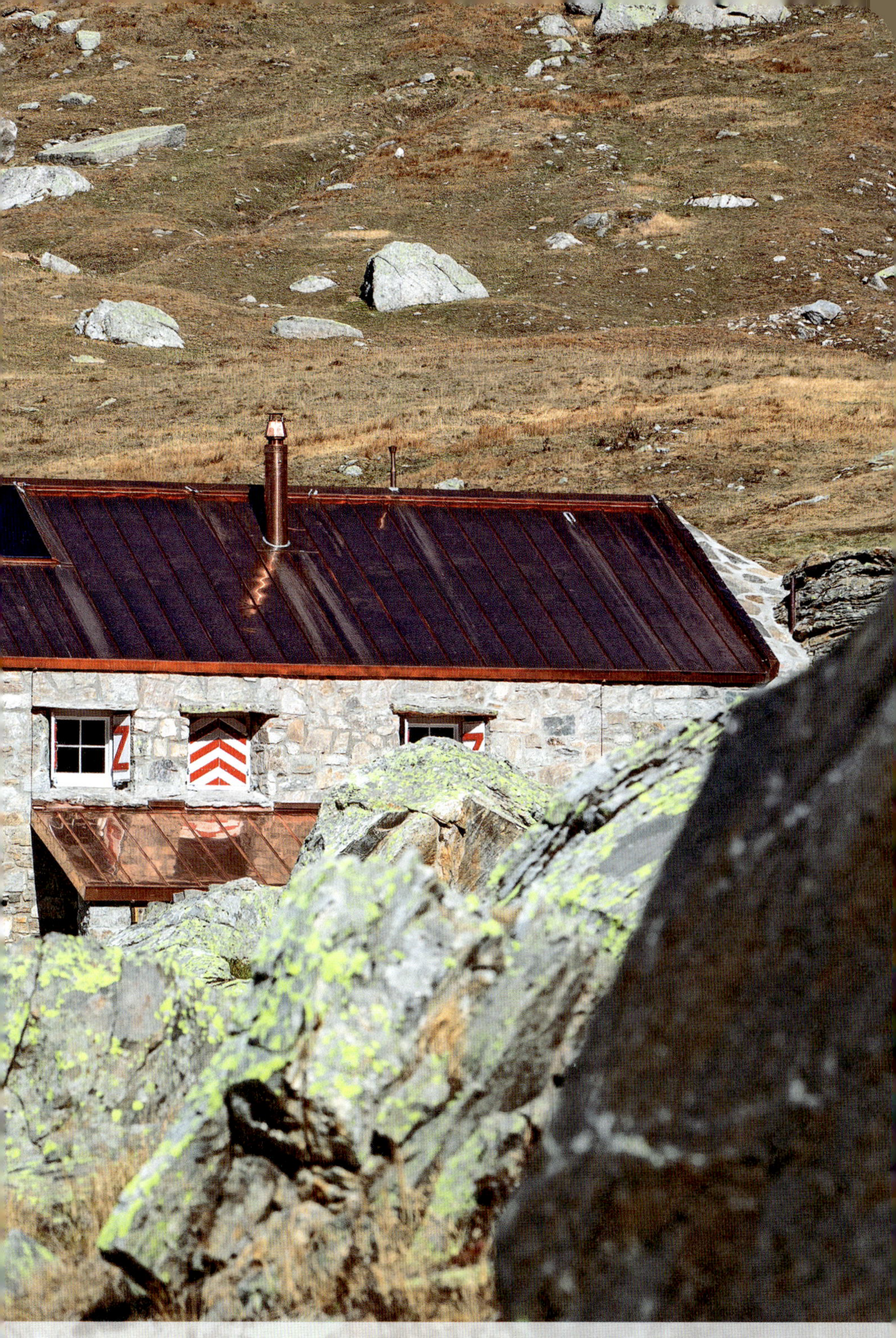

BINNTALHÜTTE SAC (2267 m)

Die SAC-Hütte ist Teil des Landschaftsparks Binntal, bekannt für seine Mineralien und seine Vielfalt an Blumen. Mit ihrem einfachen Zustieg ist sie als Ausflugshütte sehr beliebt. Neben historischen Übergängen und Schmugglerpfaden bieten sich Besteigungen der umliegenden Grenzgipfel an. Von der Hüttenterrasse schweift der Blick durch das Binntal direkt bis zum Bietschhorn.

Schlafplätze: 50

+41 27 971 47 97

reservation@cabane-binntal.ch

www.cabane-binntal.ch

E 2'665'650 / N 1'136'280

Hütte bewartet

Jan	Jul
Feb	Aug
Mär	Sep
Apr	Okt
Mai	Nov
Jun	Dez

▲ Von der Binntalhütte SAC schweift der Blick über eine liebliche Landschaft und das majestätische Bietschhorn (links am Horizont).

▲ *Kurz vor der Binntalhütte SAC der Sektion Delémont.*

DIE HIGHLIGHTS

Auf dem Hüttenweg
- Reiche Kulturlandschaften und viel unberührte Natur entdecken im Landschaftspark Binntal, www.landschaftspark-binntal.ch
- Mineraliengrube Lengenbach, vom Parkplatz Fäld in ca. 30 Minuten zu Fuss erreichbar, an der Aufstiegsvariante gelegen. An der «Klopfstelle» suchen Kinder gerne nach Katzengold.

Rund um die Hütte
- Themenwanderwege entlang der Walserrouten und der Römerwege

Essen & Trinken
- Einfache Gerichte je nach sich abwechselndem, ehrenamtlichem Hüttenteam

Tipp
Unberührte Natur im Landschaftspark Binntal

DER ZUSTIEG

🚶 **Von Fäld über Freichi**

📊 T2   ↗ 3 h, 770 Hm

Der normale Zustieg zur Binntalhütte SAC ist eine leichte, abwechslungsreiche Wanderung. In der Hochsaison von Mitte Juni bis Mitte August hilft der Bus alpin über die erste Stunde auf der Fahrstrasse hinweg. Zu Fuss ist bis Freichi die nur wenig längere, lauschige Alternative über den Wanderweg am Nordhang zu empfehlen.

Fäld (Binn) – Brunnebiel – Freichi
Man folgt von Fäld (1518 m) dem Fahrweg, der durch den Weiler (1546 m) und dann dem orografisch rechten Ufer der Binna folgt. Die ersten Kurven kann man auf einem markierten Pfad abkürzen. Der Fahrweg führt zur Alp Brunnebiel (1845 m), auch Endstation des Bus alpin. Nun weiter bis Freichi (1873 m).

Variante: Fäld (Binn) – Lengenbachgrube – Freichi
Am Ende des Parkplatzes in Fäld (1518 m) folgt man der Strasse geradeaus in Richtung Lengenbachgrube. In der Kehre bei P. 1626 zweigt ein markierter Wanderweg links ab und folgt dem Weg dem orografisch linken Ufer der Binna und über die Brücke bei der Alpe Freichi.

Freichi – Chiestafel – Alp Blatt – Oxefeld – Binntalhütte SAC
Von Freichi weiter entlang der Alpstrasse bis zur Stelle, wo das Turbewasser und die Binna zusammenfliessen. Bei P. 1950 führt der Pfad hinunter zur Brücke, dann am Chiestafel vorbei und schliesslich zur Ebene der Alp Blatt. Man überquert die Brücke über die Binna und folgt dem Pfad, der nach Oxefeld hinaufführt. Man schreitet über eine kleine Ebene und steigt über einen letzten Hang zur Hütte auf.

Anreise

Anreise via Brig – Fiesch – Binn, Dorf. Zwischen Mitte Juni und Mitte Oktober besteht eine regelmässige Busverbindung bis nach Fäld. Zwischen April und Mitte Juni besteht die Möglichkeit, mit Bus alpin von Fiesch bis nach Binn, Brunnebiel, zu fahren, www.busalpin.ch.

Karte und Route ▲

Karten

LK 1:25 000, Blatt 1270 Binntal
LK 1:50 000, Blatt 265 Nufenenpass

MONTE-LEONE-HÜTTE SAC
2848 m

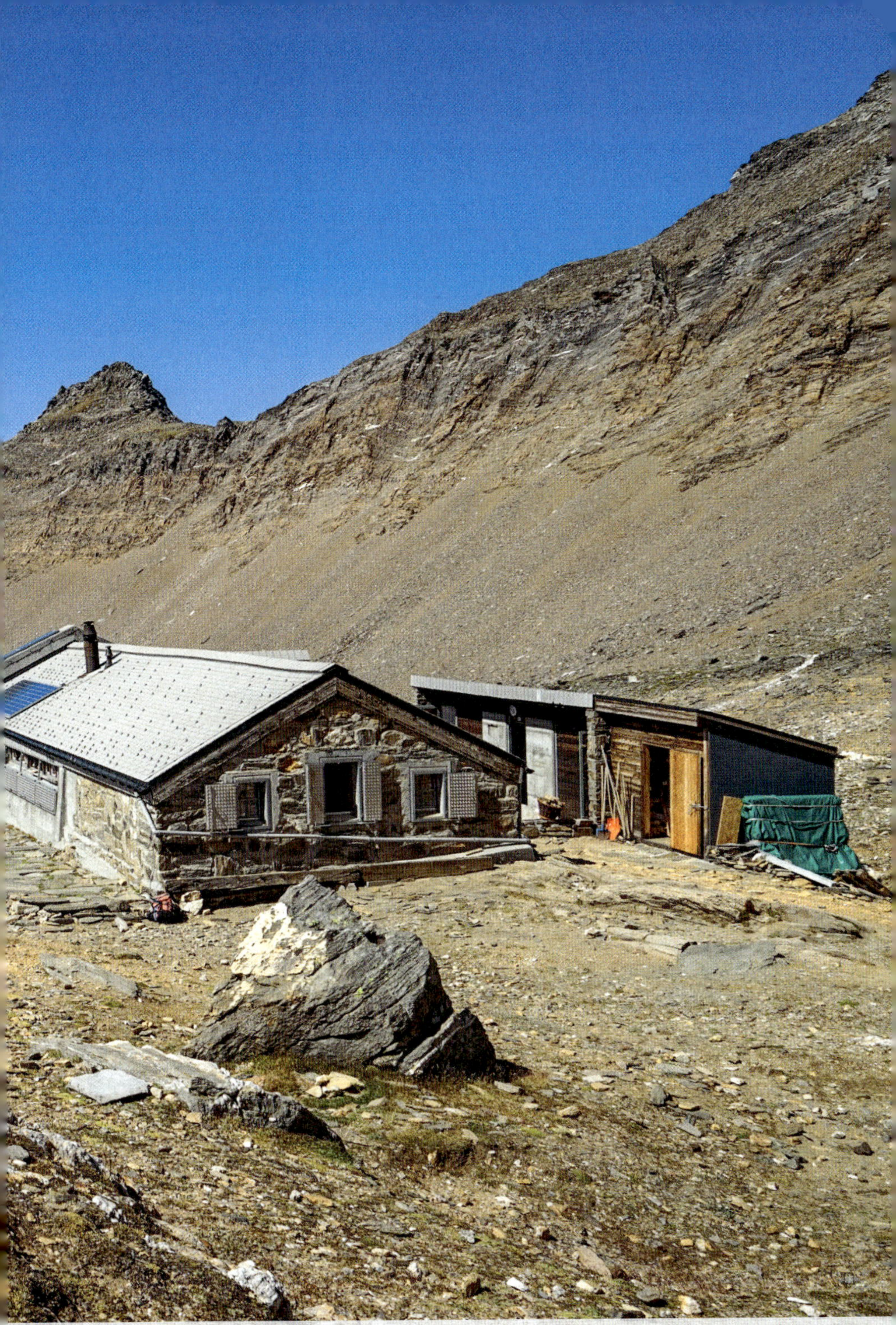

MONTE-LEONE-HÜTTE SAC (2848 m)

Der Monte Leone ist bekannt als höchster vergletscherter Gipfel östlich des Simplonpasses. Am Fusse des Wasenhorns steht der lang gezogene Steinbau, einst eine Armeeunterkunft für die Grenztruppen. Von der Hütte schweift der Blick über den Chaltwasergletscher, an dessen Ende türkisfarbene Gletscherseen und der Klettergarten liegen. Die Hütte wird abwechselnd von Mitgliedern der SAC-Sektion Sommartel bewartet.

Hütte bewartet

Jan	Jul
Feb	Aug
Mär	Sep
Apr	Okt
Mai	Nov
Jun	Dez

Schlafplätze: 20

+41 27 979 14 12

booking@cas-sommartel.ch

www.cas-sommartel.ch

E 2'649'480 / N 1'123'460

▲ *Der Name ist Programm: Der unter der Hütte liegende Chaltwassersee liegt am Fusse ...*

▲ ... des Chaltwassergletschers. Hier eine Aufnahme aus dem Jahr 2013.

DIE HIGHLIGHTS

Auf dem Hüttenweg
- Der Simplonpass ist sehr gut mit dem ÖV erreichbar.
- Wanderung durch eine sehr abwechslungsreiche Landschaft mit Hüttenziel in einer wunderschönen, alpinen Umgebung auf über 2800 Meter

Rund um die Hütte
- Ausblick auf den nahen Chaltwassergletscher
- Kurze Wanderungen zu aussichtsreichen Übergängen: Chaltwasserpass, Mäderlicke

Essen & Trinken
- Einfache Mahlzeiten tagsüber
- Halbpension wie in SAC-Hütten üblich mit einem 3-Gang-Menu aus Vorspeise, Hauptgang und Dessert

Tipp
Alpine Landschaft auf über 2800 Metern

▲ Zu Beginn führt der Wanderweg einer Suone entlang.

▲ Wasenhorn mit dem schneebedeckten Chaltwassersee.

▼ Die Polsternelke (Stängelloses Leimkraut) blüht von Juni bis August und kann sagenhafte 100 Jahre alt werden.

DER ZUSTIEG

🚶 **Vom Simplonpass durch das Chaltwassertälli**

📶 T3   ↗ 2 h 45 min, 840 Hm

Der Zustieg zur Monte-Leone-Hütte SAC ist gut markiert und sehr abwechslungsreich. Zu Beginn führt der Weg einer Wasserleitung (Bisse) nach. Je höher man steigt, desto alpiner wird die Landschaft. Eine Kargheit, die fasziniert. Kommt der Chaltwassergletscher in Sicht, ist die Zivilisation gefühlt in weite Ferne gerückt.

Simplonpass – Chaltwassertälli – Mone-Leone-Hütte SAC
Vom Simplonpass (1998 m) folgt man dem markierten Hüttenweg bis zur Wasserleitung. Man quert das alte Gletscherbett des Chaltwassergletschers. Unterhalb von P. 2514 führt der Weg nach Norden und über plattiges Gelände ins Chaltwassertälli. Ist der Geländekamm auf ca. 2800 Metern erreicht, erblickt man den Chaltwassersee, eingebettet in eine schöne, karge, alpine Landschaft. Den See am nördlichen Ufer umgehen, um hinauf zur Monte-Leone-Hütte SAC zu gelangen.

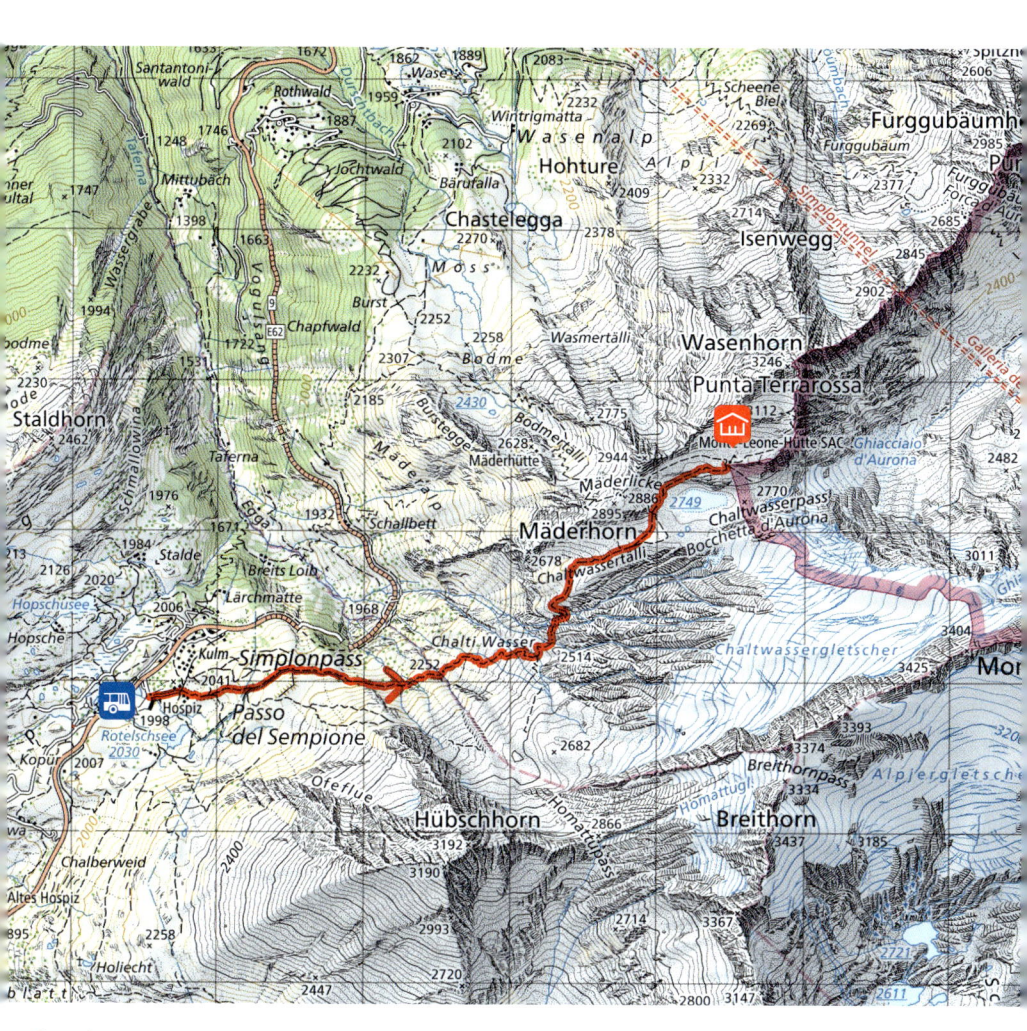

Anreise
Von Brig mit dem Postauto in 45 Minuten auf den Simplonpass, Halstestelle Simplon Hospiz.

Karten
LK 1:25 000, Blatt 1289   Brig
LK 1:50 000, Blatt   274   Visp

Karte und Route ▲

WEISSMIESHÜTTE SAC
2726m

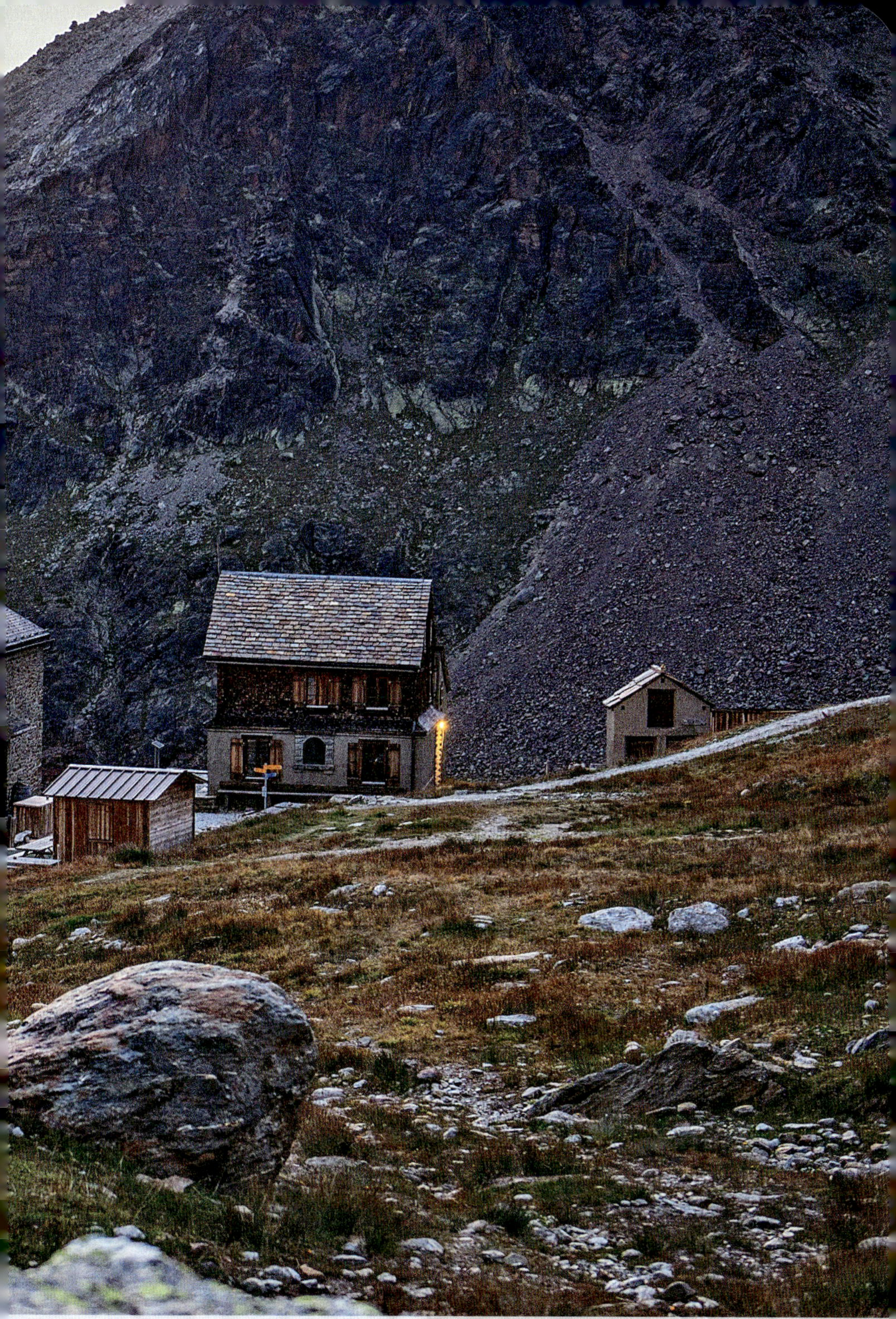

WEISSMIESHÜTTE SAC (2726 m)

Was für ein Bergpanorama! Von der Weissmieshütte SAC erblickt man 18 Viertausender. Im Gebiet der Bergbahnen Hohsaas gelegen, ist die Bergunterkunft Ausgangspunkt für Alpinisten, Kletternde und auch für den höchstgelegenen Klettersteig in den Westalpen, den Panorama-Klettersteig am Jegihorn. Die Anreise mit der Bergbahn und der kurze Zustieg machen die Hütte zum beliebten Ziel für Tagesausflüge.

Hütte bewartet

Jan	Jul
Feb	Aug
Mär	Sep
Apr	Okt
Mai	Nov
Jun	Dez

Schlafplätze: 105

+41 27 957 25 54

huette@weissmieshuette.ch

www.weissmieshuette.ch

E 2'641'660 / N 1'110'400

▲ *Mit Blick auf 18 Viertausender: die Weissmieshütte SAC hoch über dem Saastal..*

▲ *Schlafraum in der Weissmieshütte SAC.*

DIE HIGHLIGHTS

Auf dem Hüttenweg
- Dank den Bergbahnen Hohsaas einfach und rasch erreichbar
- Abenteuerland Kreuzboden mit Wasserspielplatz, Hängebrücke, Klettermöglichkeiten, Streichelzoo
- Tierliweg zur Hütte: mit Rätseln versteckte Tiere suchen.

Rund um die Hütte
- Beeindruckendes Bergpanorama mit 18 Viertausendern
- Klettersteig und Klettermöglichkeiten
- Wer Wandererfahrung hat, kann das Jegihorn (3206 m) besteigen (T4, 480 Hm, 3 Std.).

Essen & Trinken
- Regionale Spezialitäten, Alpprodukte und hausgemachte Kuchen
- Selbst gebackenes Brot zum Frühstück

Tipp: Bergpanorama mit 18 Viertausendern

DER ZUSTIEG

🥾 **Von Chrizbode (Station Kreuzboden)**

📶 T2   ↗ 45 min, 330 Hm

Der normale Zustieg ist eine kurze Bergwanderung von der Station Chrizbode / Kreuzboden, Gondelbahn ab Saas-Grund.

Kreuzboden – Weissmieshütte SAC
Chrizbode (Station Kreuzboden, 2398 m) erreicht man mit der Seilbahn oder zu Fuss von Saas-Grund (siehe Variante). Auf einem bequemen Pfad geht es zunächst entlang einiger technischer Wintersportinstallationen bis zum Fuss einer kleinen Felsstufe (2596 m). Die Hütte erreicht man kurz darauf.

Variante: Ab Saas-Grund via Triftalp zum Kreuzboden
Zu Fuss auf einem sehr schönen Bergweg über die Triftalp (2074 m), in gut 2 Stunden nach Chrizbode.

▲ *Abends besuchen oft Steinböcke die Hütte. Im Hintergrund die Mischabelkette.*

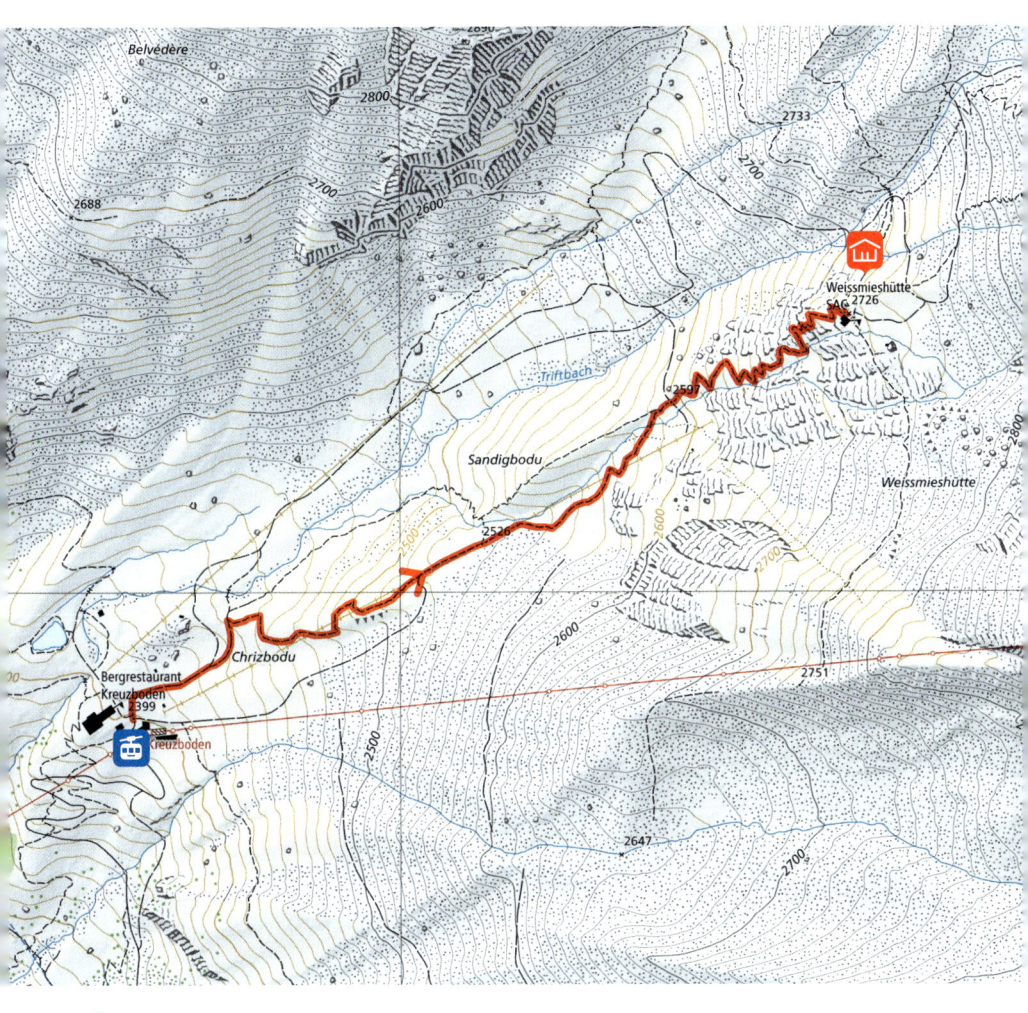

Anreise
Vom Bahnhof Visp mit dem Bus nach Saas-Grund, Bergbahn. Weiter mit der Bergbahn nach Kreuzboden. Die Bahn fährt von Anfang Juni bis Mitte Oktober von 8 bis 16.30 Uhr. Parkplätze gibt es bei der Talstation.

Karte und Route ▲

Karten
LK 1:25 000, Blatt 1309   Simplon
LK 1:50 000, Blatt   274   Visp

TÄSCHHÜTTE SAC
2701 m

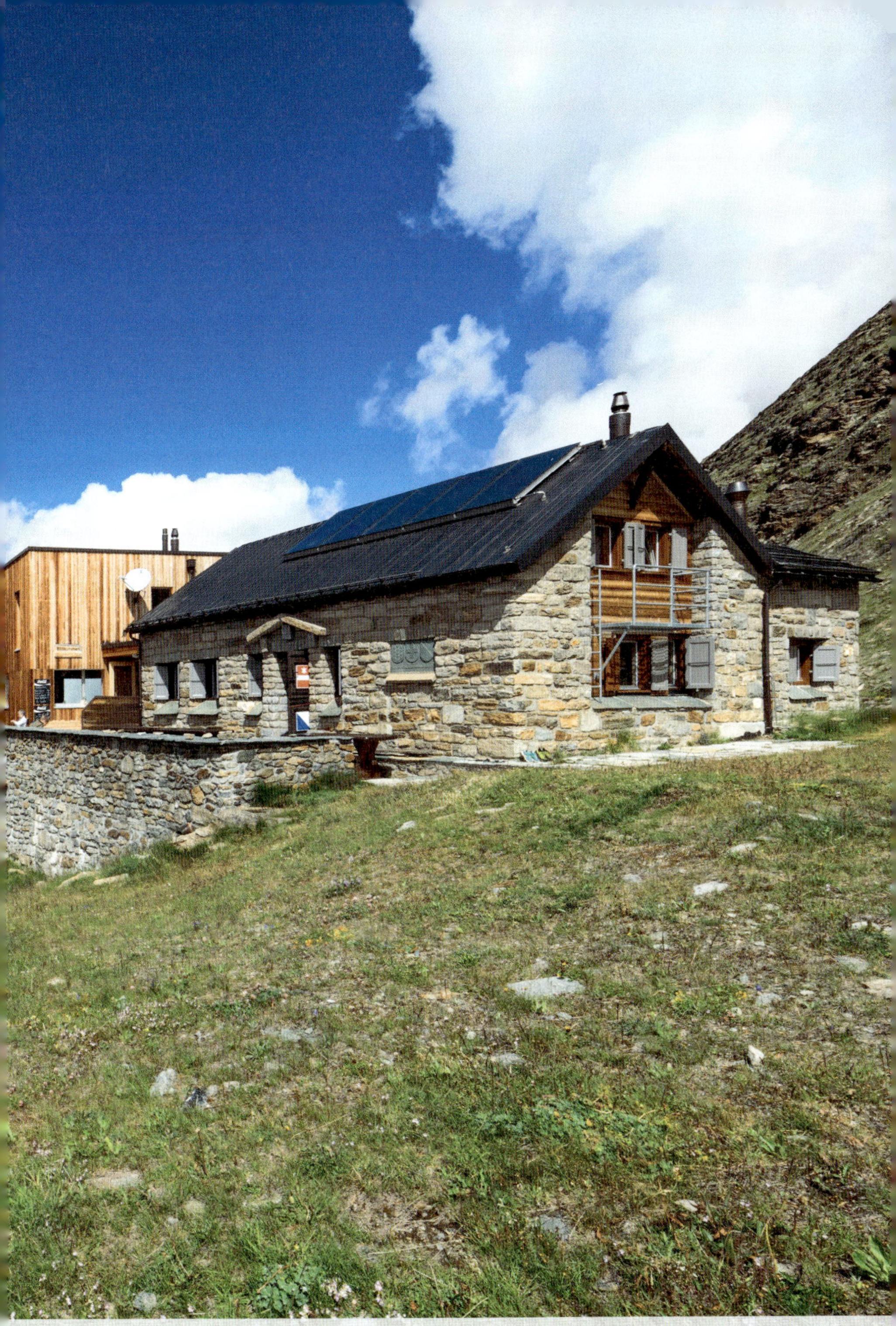

TÄSCHHÜTTE SAC (2701 m)

Die Täschhütte SAC ist eine Alpinhütte im Mattertal, umgeben von bekannten Viertausendern der Mischabelgruppe. Die viel besuchte Bergunterkunft über der Täschalp ist denn auch beliebter Ausgangspunkt für verschiedenste Hochtouren und alpine Begegnungen. Vom Neubau aus blickt man direkt zum Weisshorn und zum Zinalrothorn auf der gegenüberliegenden Talseite, im Süden ist beim Pfulwepass Richtung Zermatt die Dufourspitze zu erkennen.

Hütte bewartet

Jan	Jul
Feb	Aug
Mär	Sep
Apr	Okt
Mai	Nov
Jun	Dez

Schlafplätze: 74

+41 27 967 39 13

info@taeschhuette.ch

www.taeschhuette.ch

E 2'630'300 / N 1'100'090

▲ *Wandernde geniessen die Aussicht auch aus der Gaststube.*

▲ In der Hütte angekommen, geniesst man eine leckere, hausgemachte Rösti.

DIE HIGHLIGHTS

Auf dem Hüttenweg
- Wunderschöne Alpenflora und -fauna
- Mitten in der Welt der 4000er
- Auf der Täschalp wird im Sommer frischer Käse und Ziger gemacht. Ein Besuch lohnt sich, da noch über dem Feuer gekäst wird.

Rund um die Hütte
- Beobachtung von Steinwild und Murmeltieren
- Wunderschönes Bergpanorama
- Sehr viele Edelweisse und Bergblumen aufgrund des kalkhaltigen Bodens

Essen & Trinken
- Hausgemachter Früchtekuchen und Edelweisskuchen
- Selbst gemachte Rösti

Tipp
Mitten in der Welt der 4000er

▲ *Die landschaftlichen und farblichen Kontraste bei der Täschhütte SAC.*

▲ Die Murmeltiere fühlen sich in der alpinen Umgebung wohl.

▼ Campanula cochleariifolia (Niedliche Glockenblume).

DER ZUSTIEG

🚶 Von Täsch über die Täschalp / Ottawe

.ıl T2   ↗ 1 h 30 min, 540 Hm

Ab Täschalp führt ein kurzer, schöner Zustieg zur Täschhütte SAC. Die Aussicht auf die umliegenden Viertausender und zum gegenüberliegenden Weisshorn ist atemberaubend. Es sind verschiedene Zustiegsvarianten möglich, die alle signalisiert sind. Auf dem rauen Fahrsträsschen ist der Aufstieg auch mit dem Bike möglich.

Täschalp – Arb – Täschhütte SAC

Von der Täschalp/Ottawe (2205 m) führt ein kleiner Fahrweg im Zickzack über Arb zur Hütte. Dieser Weg kann nach der ersten Kehre (ca. 2350 m) rechts auf einem kleinen Bergpfad abgekürzt werden. Auch dieser Pfad führt direkt zur Hütte.

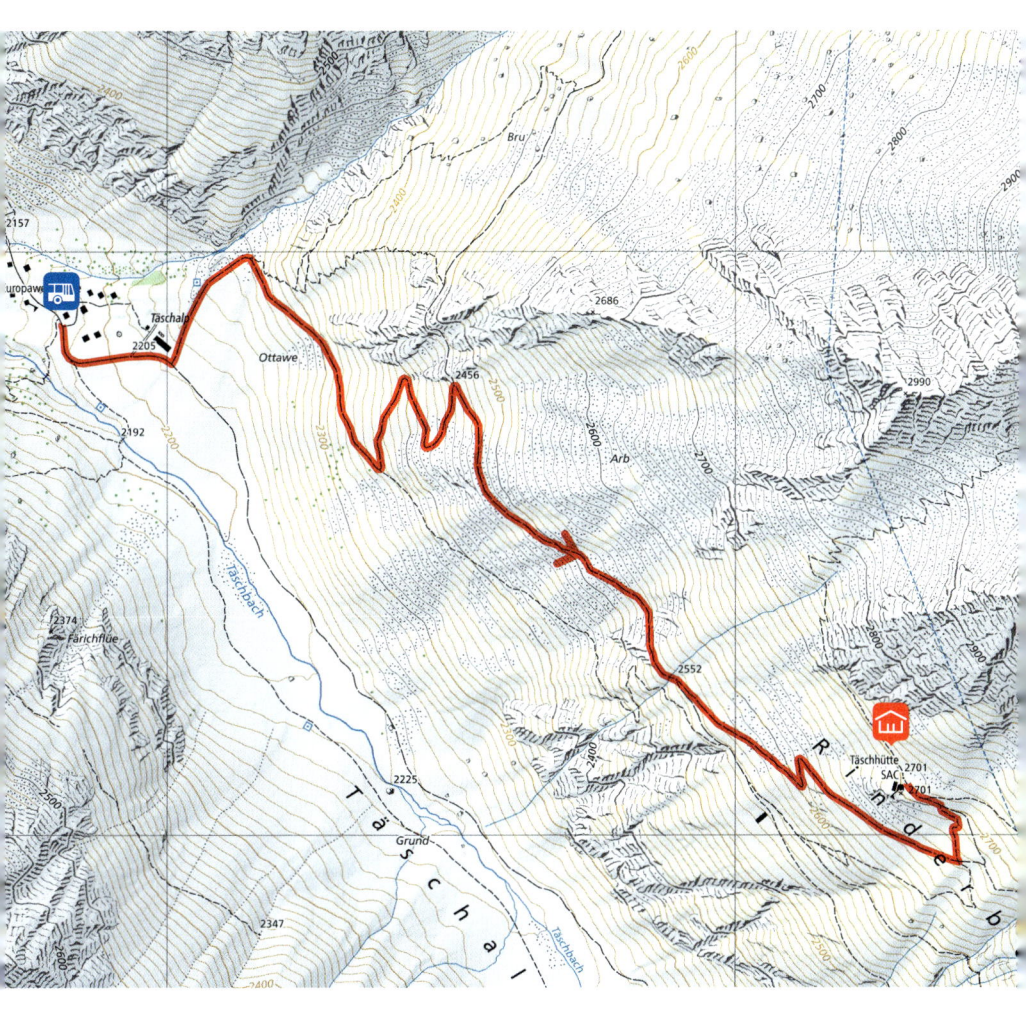

Anreise
Die Täschalp ist mit dem Privatauto oder per Bus erreichbar. Busbetrieb von Mitte Juni bis Mitte Oktober, www.zermatt.ch. Ab dem späten Frühjahr fährt auch ein Alpentaxi zur Täschalp.

Karte und Route ▲

Karten
LK 1:25 000, Blatt 1328 Randa
LK 1:50 000, Blatt 284 Mischabel

TURTMANNHÜTTE SAC
2519 m

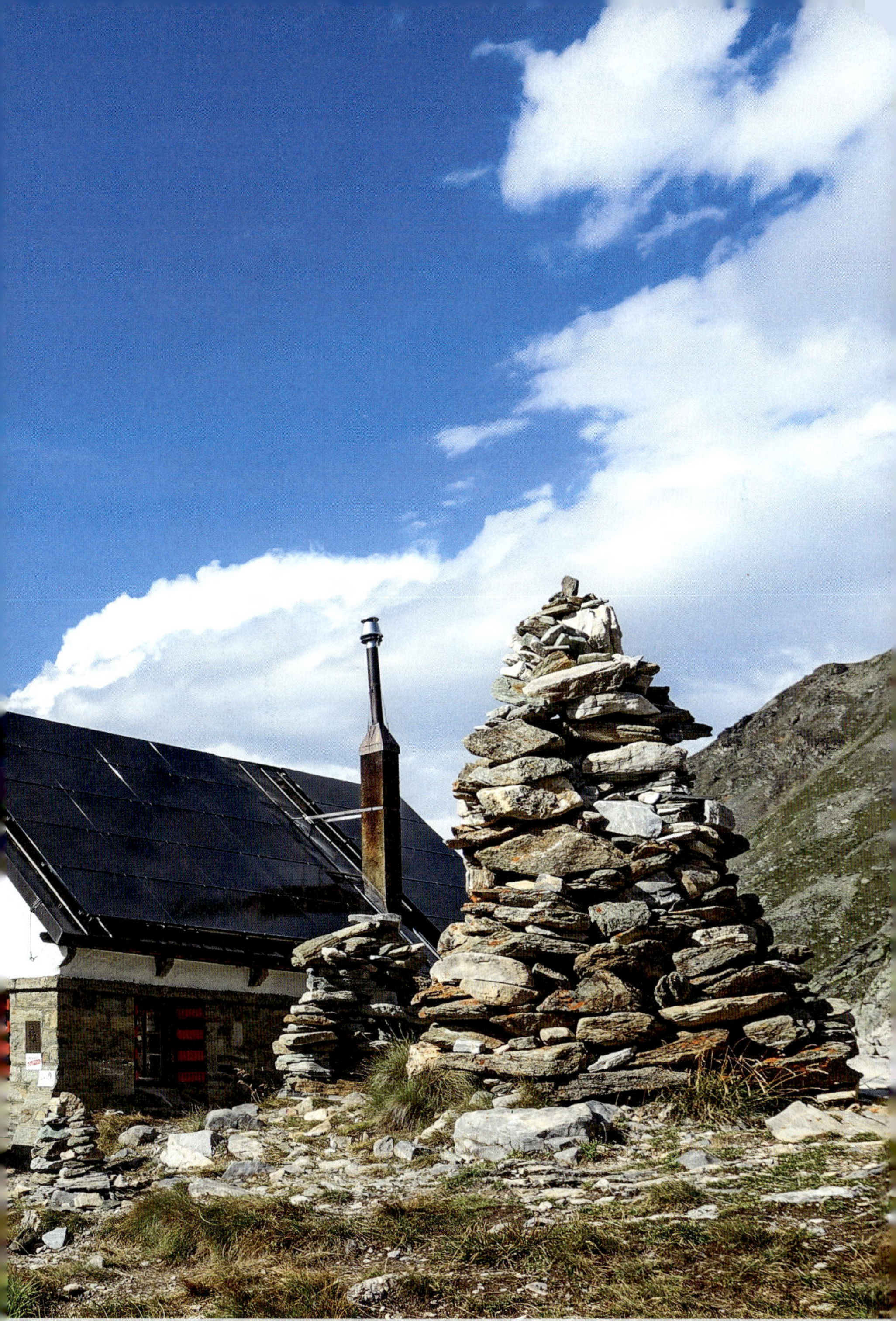

TURTMANNHÜTTE SAC (2519m)

In der Hütte treffen sich sportliche Berggänger, Familien und gemütliche Bergwandernde. Schon die Anreise ins Turtmanntal ist ein Abenteuer: Mit der Luftseilbahn geht es hinauf, ein Kleinbus kurvt auf der schmalen Strasse weit ins Tal hinein. Von der Hütte hat man einen wunderbaren Blick auf das Bishorn und die Gletscher. Beliebtes Tourenziel ist das Barrhorn, mit seinen 3610 Metern einer der höchsten «Wanderberge» in der Schweiz.

Hütte bewartet

Jan	Jul
Feb	Aug
Mär	Sep
Apr	Okt
Mai	Nov
Jun	Dez

Schlafplätze: 72

+41 27 932 14 55

info@turtmannhuette.ch

www.turtmannhuette.ch

E 2'620'153 / N 1'112'107

▲ Landart: Auf dem Steinmandliweg sind viele Kunstwerke und Gletscher zu bestaunen.

▲ Beim Gipfelkreuz des Üssers Barrhorns angekommen, bleibt Zeit zum Schauen und Staunen. Im Hintergrund das Bishorn und das Weisshorn.

DIE HIGHLIGHTS

Auf dem Hüttenweg
- Für Käsefans: Die Schaukäserei Blüomatt verkauft Käse und Ziger (20 Minuten ab Gruben).
- Brändjiseelein, 30 Minuten ab Gruben: schöner Picknickplatz mit Tischen und Bänken
- Landart auf dem Hüttenweg: Der Steinmandliweg entlang der Moräne ist nur 10 Minuten länger als der direkte Hüttenzustieg.

Rund um die Hütte
- Aussicht auf Brunegg- und Turtmanngletscher sowie das Bishorn
- Für die Beobachtung der Tierwelt braucht es immer auch etwas Glück: Murmeltiere, Turmfalken oder Bartgeier
- Kletterparadies und geologische Wundertüte: Im Gebiet finden sich Gneis, Kalk, Marmor und Serpentingestein.

Essen & Trinken
- Spezialität des Hauses: Schwarzwälder Kirschtorte und weitere feine, hausgemachte Kuchen

Tipp: Hausgemachte Schwarzwälder Kirschtorte

DER ZUSTIEG

 Von Gruben / Meiden via Turtmannsee

T2   ↗ 3 h, 730 Hm   ↙ 50 Hm

Einfachster und kürzester Weg zur Turtmannhütte. Im unteren Teil bietet sich der Schluchtweg als Abwechslung an.

Gruben/Meiden – Turtmannsee – Turtmannhütte SAC
Von Gruben/Meiden (ca. 1808 m) geht man zum Steg (1818 m) über die Turtmänna. Man überschreitet den Bach und geht am linken (W) Ufer an Blüomatt vorbei. Wenig steigend erreicht man die Brücke (1901 m) mit dem Parkplatz Senntum / Gruben. Man bleibt westlich der Brücke und folgt auf dem Jeepweg bis zum Stausee. Weiter gehts auf der Strasse bis zur Materialbahn und von dort auf dem markierten und ausgeschilderten Weg zur Hütte. Ab Vorder Sänntum verkürzt sich die Wanderzeit bis zur Hütte auf 2 Stunden.

Variante: Schluchtweg
Vom Parkplatz Senntum / Gruben nimmt man vor der Brücke links den markierten Weg, bis nach ca. ¼ Stunde ein Wegweiser in einer Waldlichtung nach rechts zeigt. Nach einem kurzen Wegstück, das man mit einem Kabel gut gesichert zurücklegt, überquert der Weg die Turtmänna über eine Naturbrücke und mündet so in den Jeepweg.

Anreise

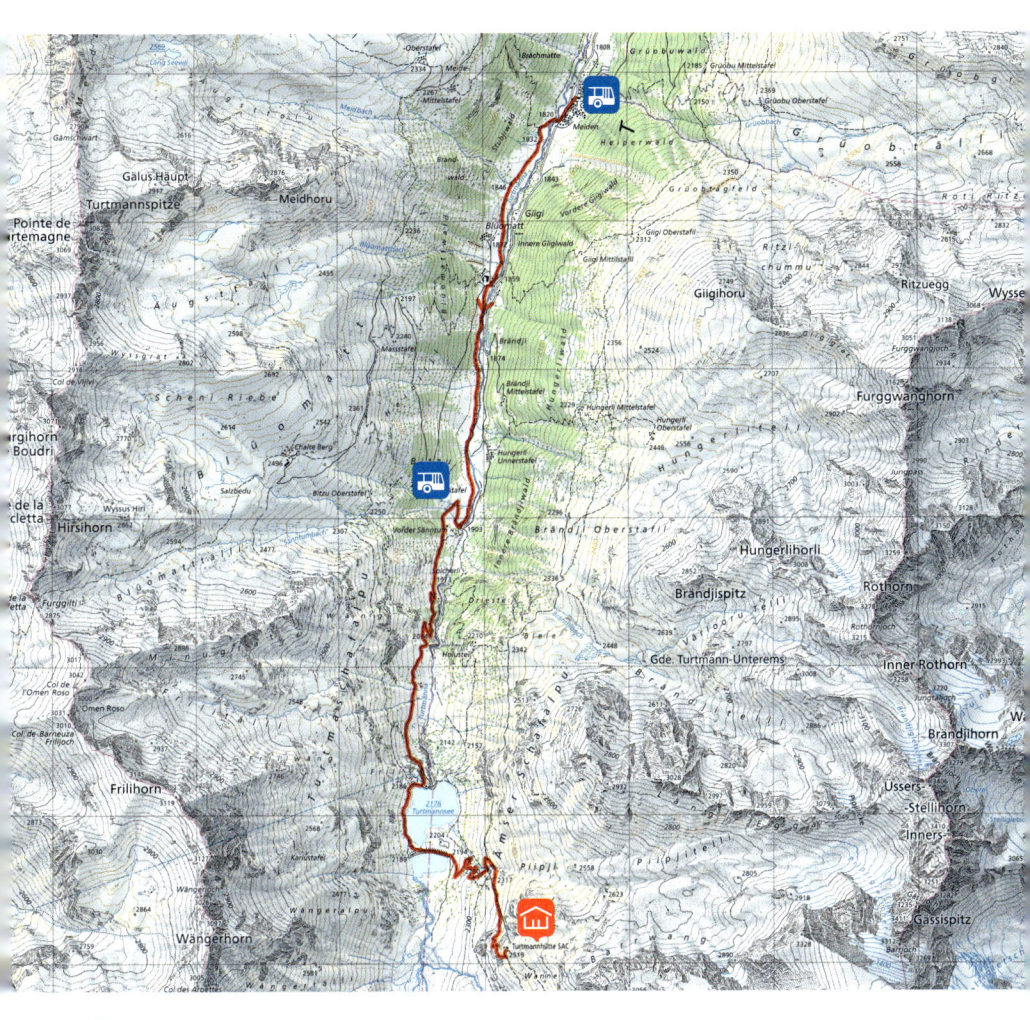

Vom Bahnhof Turtmann mit dem Bus zur Luftseilbahn Turtmann – Unterems – Oberems (zu Fuss 15 Minuten). In Oberems weiter mit dem Bus nach Gruben (verkehrt zwei- bis dreimal täglich von Mitte Juni bis Mitte September; zudem auf Anfrage unter Telefon 027 932 15 50). Auf Bestellung fährt der Bus als Taxi bis Vorder Sänntum. Dort befinden sich auch Parkplätze.

Karte und Route ▲

Karten
LK 1:25 000, Blatt 1308 St. Niklaus
LK 1:50 000, Blatt 274 Visp

SCHÖNBIELHÜTTE SAC
2694 m

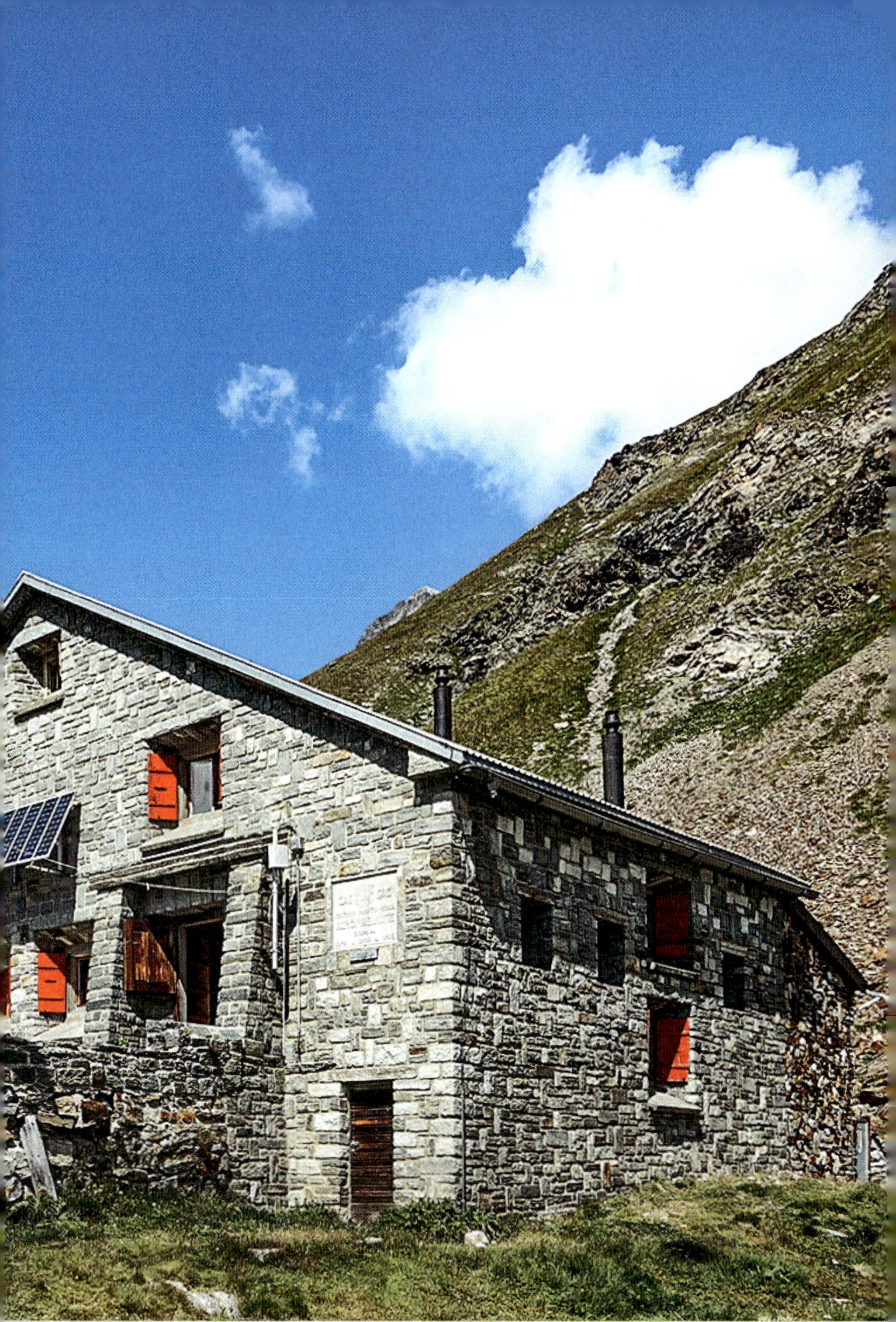

SCHÖNBIELHÜTTE SAC (2694 m)

Das Matterhorn ist auf der Wanderung zur Schönbielhütte SAC ständiger Begleiter: Von der Bahnstation Schwarzsee geht es auf die Nordseite des Viertausenders, wo weitere hohe Gipfel und Gletscher ins Blickfeld rücken, Bäche und Bergseen passiert werden – die wunderschöne Umgebung lässt die Wanderung zur Schönbielhütte SAC wie im Flug vergehen.

Schlafplätze: 70

+41 27 967 13 54

bielti.zermatt@gmx.ch

www.schoenbielhuette.ch

E 2'614'750 / N 1'094'510

Hütte bewartet

Jan	Jul
Feb	Aug
Mär	Sep
Apr	Okt
Mai	Nov
Jun	Dez

▲ Die Hütte in Sicht, das fantastische Bergpanorama auch!

▲ *Was ist spannender? «Autöle» oder der Blick aufs Matterhorn?*

DIE HIGHLIGHTS

Auf dem Hüttenweg
- Wunderbares Bergpanorama mit Blick aufs Matterhorn und die Gletscherwelt
- Wanderung entlang und auf der beeindruckenden Moräne des Zmuttgletschers
- Entlang des Wegs stehen zahlreiche Bänke, auf denen sich das gewaltige Panorama in Ruhe bestaunen lässt.

Rund um die Hütte
- Hinter der Hütte tummeln sich Murmeltiere. Mit etwas Glück sind Adler und Bartgeier zu erspähen.
- Perfekt für Kinder: Rund um die Hütte ist das Gelände flach und mit Steinen übersät.

Essen & Trinken
- Schmackhafte Menus à la carte auf der sonnigen Hüttenterrasse

Tipp
Ausblick auf Matterhorn und Gletscherwelt

Schönbielhütte SAC | 153

DER ZUSTIEG

🥾 Von Schwarzsee über Stafelalp

.ıl T2   ↗ 2 h 30 min, 550 Hm   ↙ 450 Hm

Der Zustieg zur Schönbielhütte SAC ab Schwarzsee startet mit der klassischen Matterhorn-Perspektive und einem längeren Abstieg. Faszinierend: Die Gestalt des Matterhorns verändert sich beim Aufstieg laufend.

Bergstation Schwarzsee – Stafelalp – Schönbielhütte SAC

Die Station Schwarzsee (2587 m) erreicht man mit der Seilbahn von Zermatt über Furi. Man geht rechts zwischen den Seen hindurch etwas hinunter zur Unteri Stafelalp (2407 m). Der Weg steigt etwas ab in die Waldzone. Bei P. 2189 erreicht man die Werkstrasse des Kraftwerks. Man verfolgt diese bis zum See (2216 m), wobei man die verschiedenen technischen Anlagen, Verbauungen und Dämme bewundern darf. Nach dem See steigt man hinauf an den Fuss der Felsen unterhalb von Arben. Es geht im Zickzack hinauf auf die linke (nördliche) Moräne des mächtigen, mit Geröll beladenen Zmuttgletschers. Der Weiterweg führt in einer Mulde bis zum Arben Bach. Eine gute Stelle für eine Pause. Man folgt dem Moränenkamm bis Hohle Bielen (2380 m). Danach etwas rechts der Moräne und weiter auf dem Moränenkamm selbst hinauf bis unter den Gemsspitz. Dort steigt der Weg in wenigen Kehren hinauf zur Schönbielhütte SAC (2694 m).

Information

Die Hütte wird 2025 umgebaut. Informationen zu den Öffnungszeiten auf www.schoenbielhuette.ch.

Anreise
Von Zermatt mit der Gondelbahn via Furi nach Schwarzsee.

Karten
LK 1:25 000, Blatt 1347 Matterhorn
LK 1:50 000, Blatt 283 Arolla

Karte und Route ▲

CABANE DE MOIRY CAS
2825 m

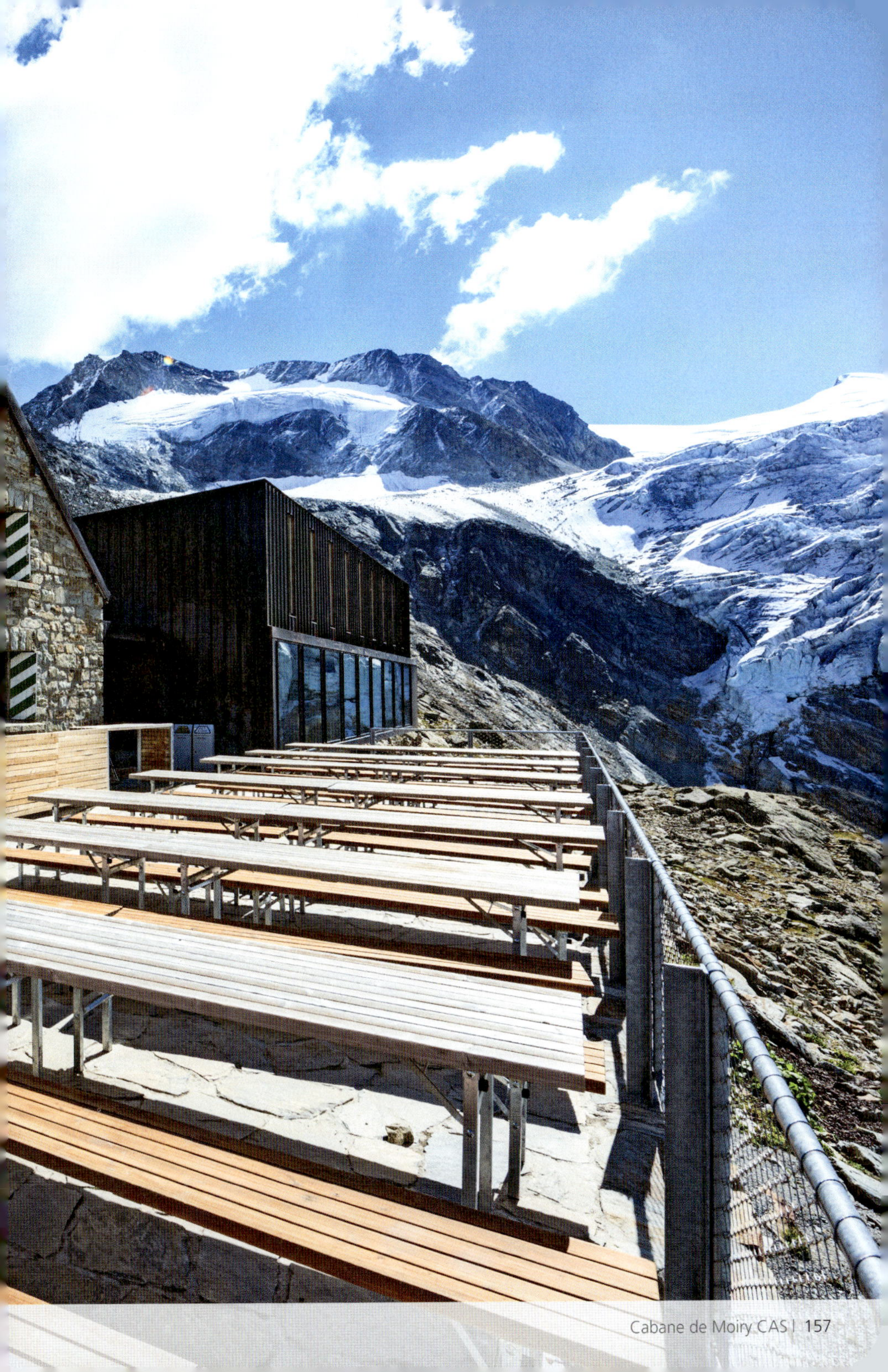

CABANE DE MOIRY CAS (2825 m)

Erfahrene Wanderer lieben die Moiryhütte ganz hinten im Tal von Grimentz, hinter dem Stausee, dem Lac de Moiry. Der innen modernisierte historische Steinbau trifft auf eine zeitgemässe Ergänzung mit Kupferfassade – eindrücklich ist der Blick vom neuen Essraum mit Panoramafenstern zum zerklüfteten Glacier de Moiry, der sich bis zum Grand Cornier hinaufzieht. Die Hütte ist im Besitz der SAC Sektion Montreux.

Hütte bewartet

Jan	Jul
Feb	Aug
Mär	Sep
Apr	Okt
Mai	Nov
Jun	Dez

Schlafplätze: 96

+41 27 475 45 34

moiry@cas-montreux.ch

www.cabane-moiry.ch

E 2'612'130 / N 1'104'380

▲ *Dem Himmel nah: bei der Wanderung auf der Moräne hinauf zur Hütte.*

▲ *Atemberaubende Aussicht auf den Moiry-Gletscher gibt es im Aufenthalts- und Essraum.*

DIE HIGHLIGHTS

Auf dem Hüttenweg
- Familienfreundliche, einfach erreichbare Hütte mit einem alpinen Ambiente

Rund um die Hütte
- Spektakulärer Blick auf den Gletscherabbruch des Glacier de Moiry

Essen & Trinken
- Selbst gebackenes Brot und Speisen aus biologischer und lokaler Produktion

Tipp
Aussicht auf den Glacier de Moiry

▲ Blick vom Col de Sorebois zum Lac de Moiry.

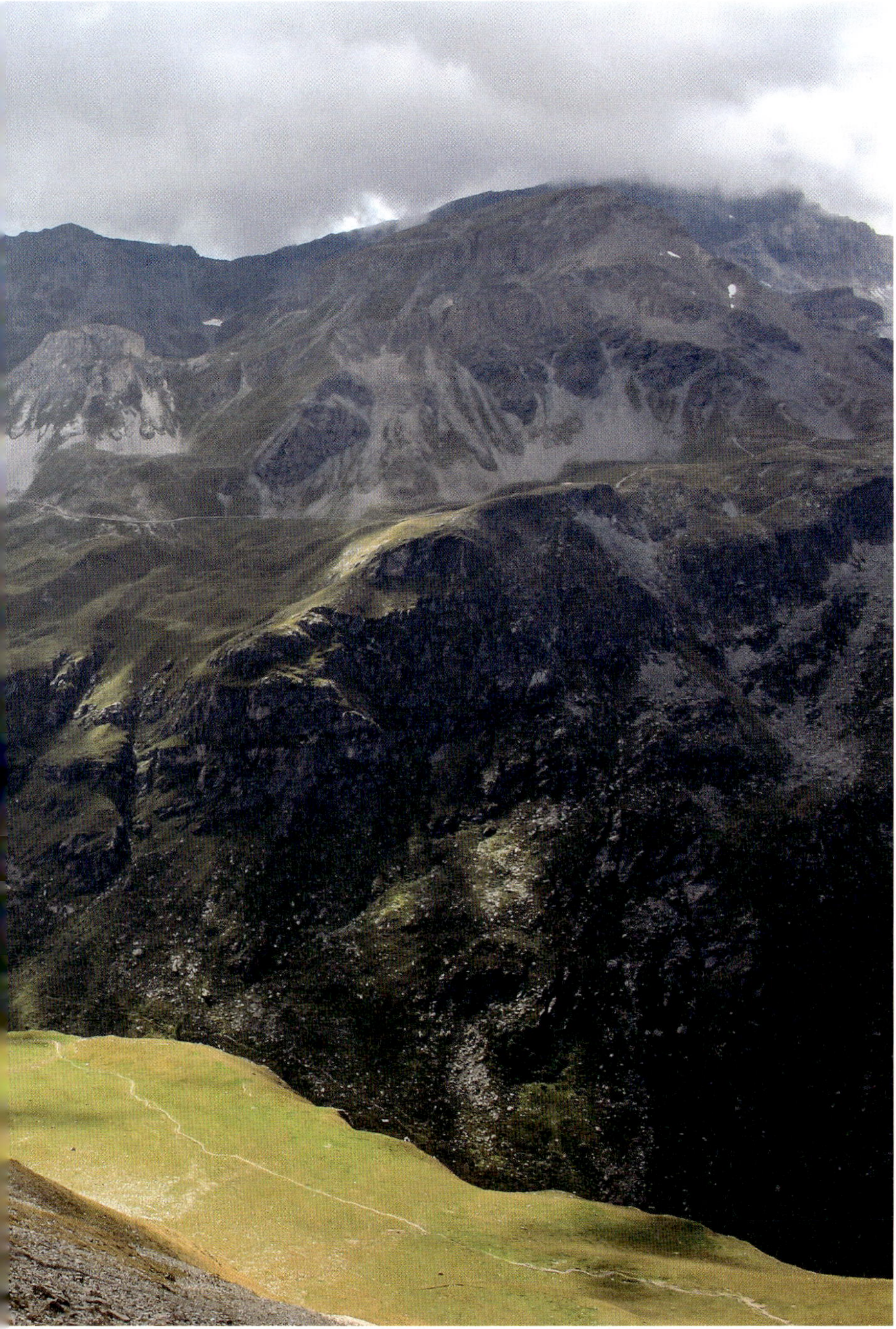

DER ZUSTIEG

🚶 **Vom Lac de Moiry**

📊 T3　↗ 1 h 30 min, 500 Hm　↘ 20 Hm

Der Zustieg beginnt beim kleinen See, wo sich der Parkplatz und der Kehrplatz der Postautos befinden. Er ist einer der kürzesten Wege zu einer Hochgebirgshütte und macht die Cabane de Moiry CAS zu einem beliebten Ziel für Tagesgäste. Einzigartig: das Panorama mit den Gletscherbrüchen des Glacier de Moiry zur Linken und dem Lac de Châteaupré zur Rechten.

Lac de Châteaupré – Cabane de Moiry
Vom Lac de Châteaupré (2352 m) oberhalb des türkisblauen Lac de Moiry führt der gut markierte Weg zunächst in östlicher Richtung, dann zunehmend in südlicher Richtung durch Weiden und Moränenschutt auf den Kamm der Seitenmoräne des Glacier de Moiry. Man folgt der Moräne bis zum Fusse der Felsschulter, auf der die Hütte zu erblicken ist. Ein guter Weg führt nun im Zickzack hinauf zur Cabane de Moiry CAS.

Vorsicht
Bis spät in der Saison, manchmal Ende Juli oder Anfang August, kann der Weg stellenweise mit Schnee bedeckt sein. Gutes Schuhwerk ist unabdingbar.

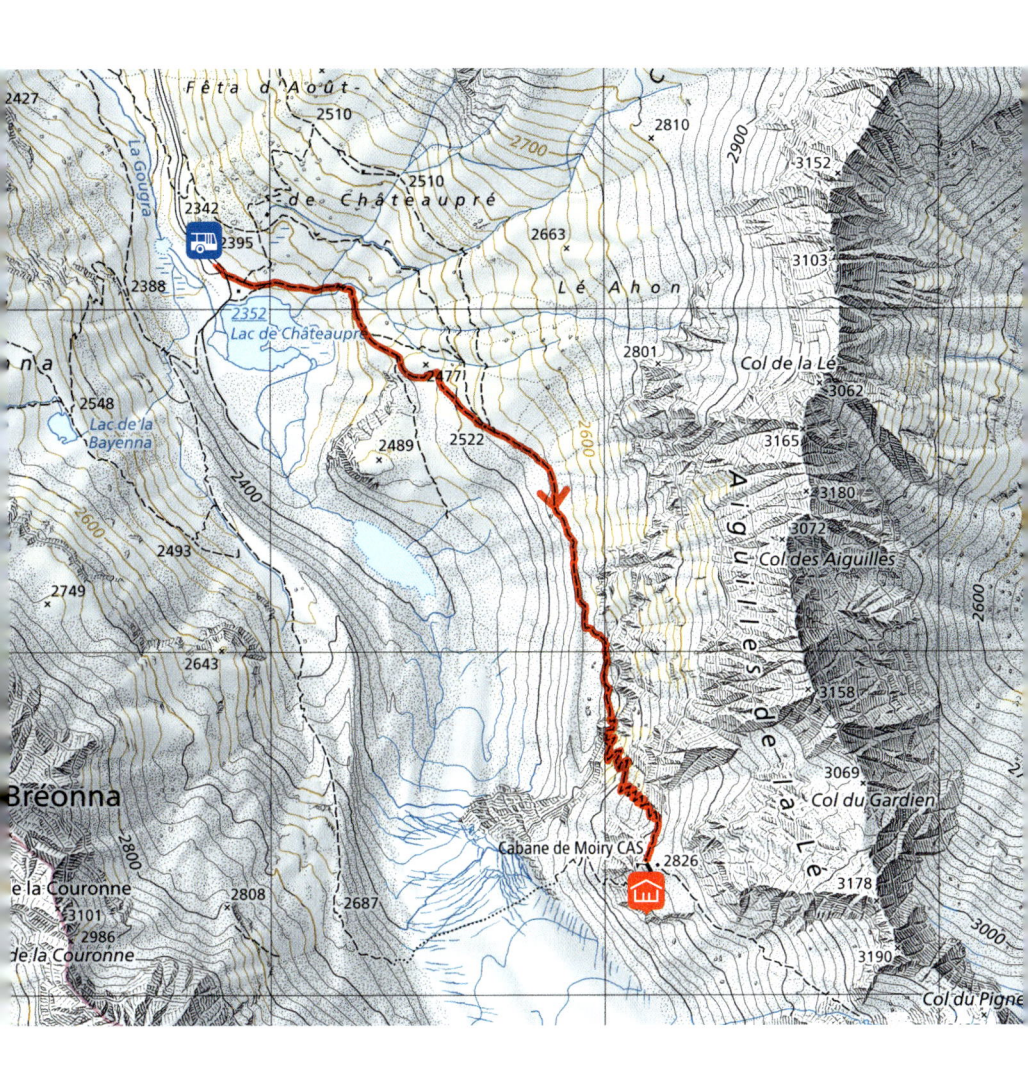

Anreise
Mit dem Zug via Brig oder Lausanne nach Sierre.
Weiter mit Bus via Vissoie und Grimentz nach
Moiry VS, glacier. Busbetrieb nur im Sommerhalbjahr.

Karten
LK 1:25 000, Blatt 1327   Evolène
LK 1:50 000, Blatt   283   Arolla

Karte und Route ▲

Cabane de Moiry CAS | 163

CABANE DU MONT FORT CAS
2457 m

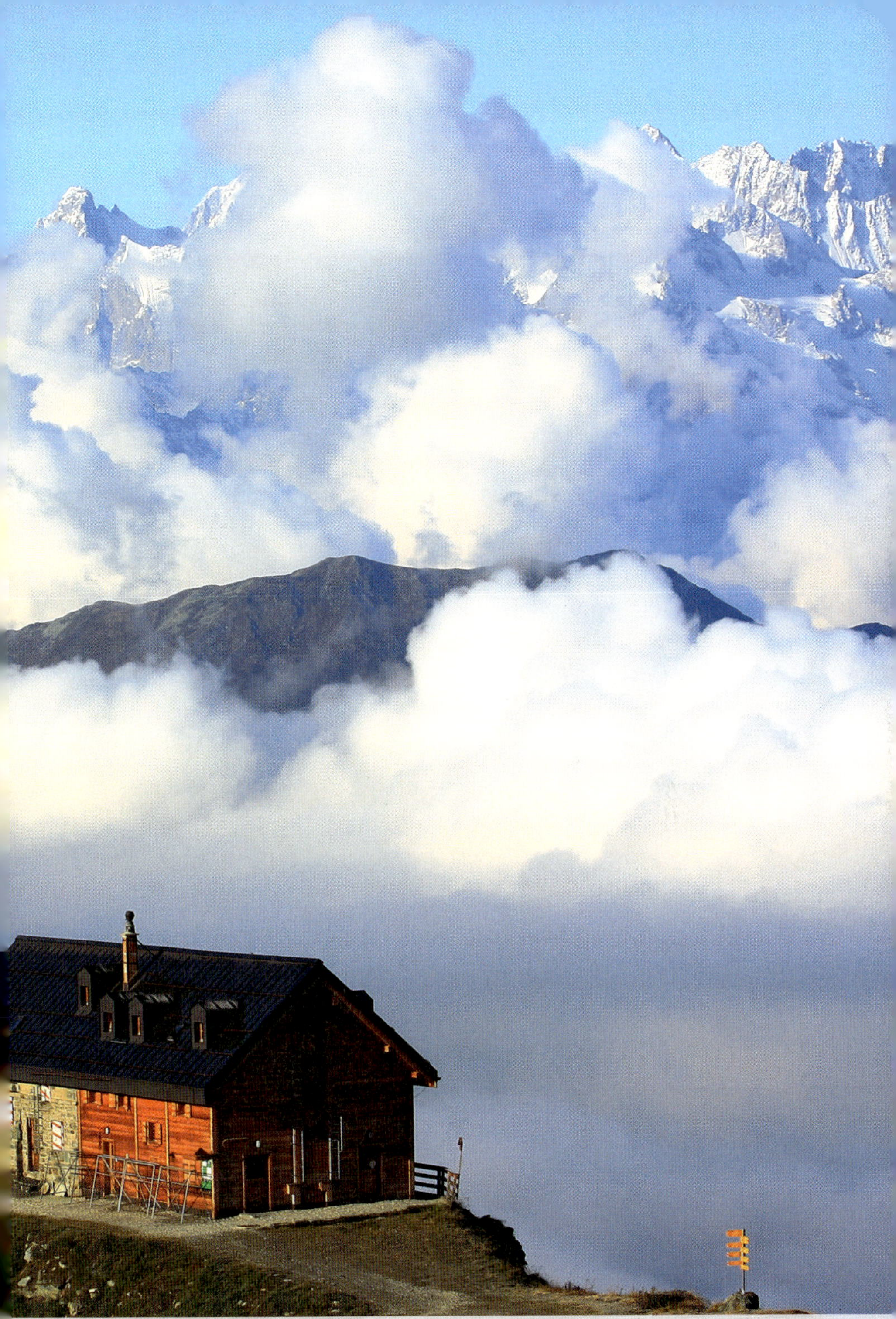

CABANE DU MONT FORT CAS (2457 m)

Einst Alpinhütte im Gebiet von Mont Fort und Rosablanche, heute Berggasthaus und rustikales Pistenrestaurant im Winter. Beeindruckend bleibt das Panorama zum Mont Blanc wie auch die ursprüngliche Hüttenambiance im und vor der Cabane du Mont Fort CAS. Mountainbiker lieben die Gegend wegen der Transportmöglichkeiten, Bergwanderer wählen den Gämspfad (Sentier des Chamois) zum Lac de Louvie und nach Fionnay oder queren zum Dixence-Stausee.

Hütte bewartet

Jan	Jul
Feb	Aug
Mär	Sep
Apr	Okt
Mai	Nov
Jun	Dez

Schlafplätze: 58

📞 +41 27 778 13 84

✉ booking@cabanemontfort.com

www.cabanemontfort.com

🧭 E 2'654'722 / N 1'156'279

▲ *Der Hüttenschlafraum mit heimeliger Dachschräge.*

▲ Im Winter ist die Cabane du Mont Fort CAS ein rustikales Pistenrestaurant im Skigebiet Verbier, 4 Vallées.

DIE HIGHLIGHTS

Auf dem Hüttenweg
- Einfacher Aufstieg durch das Skigebiet von Verbier

Rund um die Hütte
- Spektakuläres Panorama mit Blick auf Mont Blanc und Grand Combin
- Vielfältiges Bergsportangebot für Wandernde und Mountainbikefans

Essen & Trinken
- Speisekarte mit lokalen Köstlichkeiten
- Der hauseigene Konditormeister kreiert in seiner «Höhenbäckerei» Brot und sonstige köstliche Backwaren.

Tipp
Köstliche Backwaren aus der «Höhenbäckerei»

DER ZUSTIEG

🚶 **Von der Station La Chaux**

📶 T2   ↗ 45 min, 190 Hm   ↘ 60 Hm

Der Aufstieg ab der Station La Chaux durch das Skigebiet von Verbier. Etwas kürzerer Aufstieg als von Les Ruinettes.

Station La Chaux – Cabane du Mont Fort
Die Station La Chaux erreicht man mit der Seilbahn (Sommerbetrieb) von Le Châble / Verbier. Von La Chaux (2266 m) wandert man auf dem markierten Weg in nordöstlicher Richtung. Unterhalb der Hütte überquert man die offene Wasserleitung (Bisse) und steigt in wenigen Kehren zur Cabane du Mont Fort CAS auf. Die Wanderung von der Station Les Ruinettes über Tsarbonné (T2) ist mit 1 Stunde und 270 Höhenmetern etwas länger.

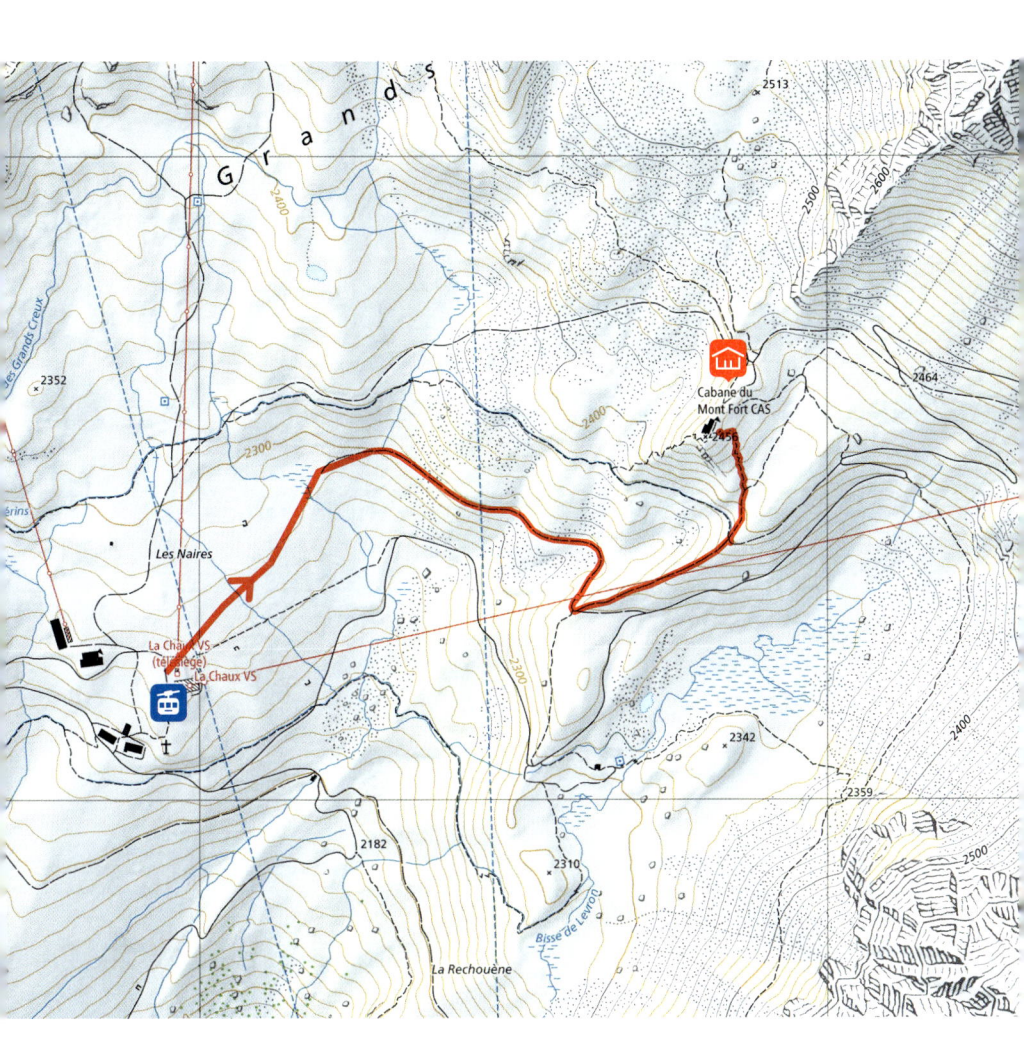

Anreise
Mit dem Zug via Martigny nach Le Châble VS. Mit der Gondelbahn zum Ausgangspunkt La Chaux, Talstation (2266 m). Informationen zur Seilbahn Le Châble/Verbier – La Chaux: www.verbier.ch.

Karte und Route ▲

Karten
LK 1:25 000, Blatt 1326   Rosablanche
LK 1:50 000, Blatt   283   Arolla

Cabane du Mont Fort CAS | 169

*Bei der Lidernenhütte SAC:
Fulen und rechts davon der Rossstock.*

ZENTRALSCHWEIZER ALPEN

BRUNNIHÜTTE SAC
1860 m

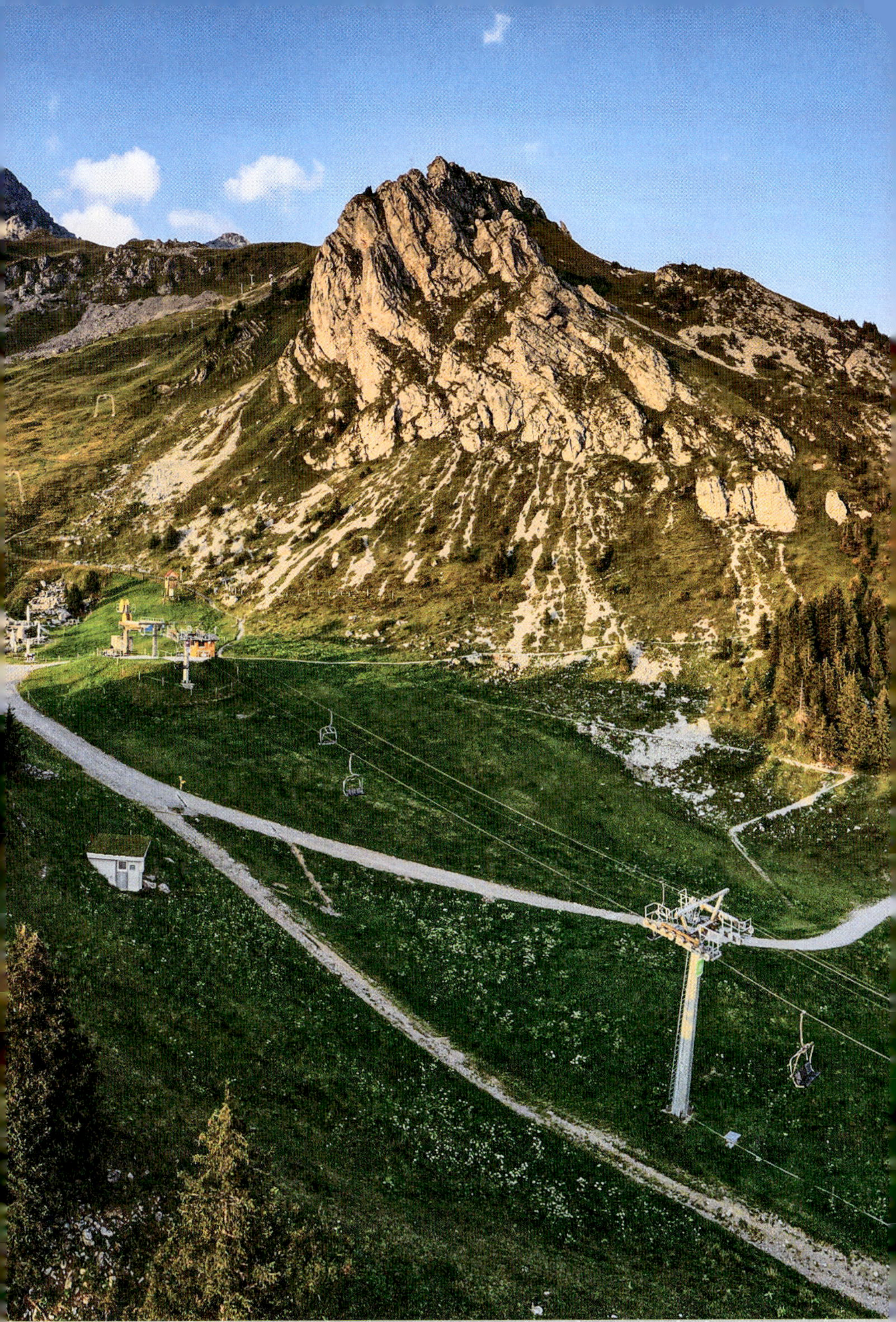

BRUNNIHÜTTE SAC (1860 m)

Das familienfreundliche Berggasthaus, auf der Sonnenseite über Engelberg gelegen, ist sommers wie winters mit der Luftseil- und Sesselbahn erreichbar. Im Sommer lockt eine Vielzahl spannender Aktivitäten. Der Kitzelpfad rund um den Härzlisee wie auch gemütliche Brätelstellen liegen gleich neben der Hütte. Familien nehmen den Holzkugelpfad hoch zur Hütte. Verschiedene Klettersteige locken Einsteiger wie auch Experten in die Vertikale.

Hütte bewartet

Jan	Jul
Feb	Aug
Mär	Sep
Apr	Okt
Mai	Nov
Jun	Dez

Schlafplätze: 40

+41 41 637 37 32

brunnihuette@brunni.ch

www.brunni.ch

E 2'674'140 / N 1'188'210

▲ *Die Brunnihütte SAC. Der Härzlisee rechts mit Kitzelpfad und Feuerstellen.*

▲ Ski fahren, schlitteln, Schneeschuh laufen – auch im Winter ist der Erlebnisfaktor hoch.

DIE HIGHLIGHTS

Auf dem Hüttenweg
Mit der Seilbahn gelangt man ins Ristis. Dort werden verschiedenste Erlebnisse geboten:
- Holzkugelpfad: über den Panoramawanderweg bis hoch zum Härzlisee bei der Brunnihütte SAC
- Sommerrodelbahn Ristis
- Brunniland ist Globiland, z. B. beim grossen Alpenspielplatz.

Rund um die Hütte
- Kitzelpfad um den Härzlisee gleich neben der Brunnihütte SAC
- Beim Härzlisee: 5 Feuerstellen (Holz vorhanden) mit über 50 Sitzplätzen auf Steinbänken

Essen & Trinken
- Die Spezialität: hausgemachte Crèmeschnitten

Tipp
Härzlisee mit Kitzelpfad, Erlebnisse im Brunniland

▲ Ein Hauptgang mit Aussicht: die feine Käseschnitte.

▲ *Die Spezialität der Brunnihütte SAC: hausgemachte Crèmeschnitten.*

DER ZUSTIEG

🥾 **Bergstation Sessellift – Brunnihütte SAC**

📶 T1   ↗ 3 min, 10 Hm

Zu Fuss oder mit der Bahn – das ist die Frage! Der Aufstieg zur Brunnihütte SAC hoch über dem Zentralschweizer Tourismusort Engelberg ist eine beschauliche und einfache Wanderung. Wer es bequem liebt, kann die Luftseilbahn bis Ristis und anschliessend den Sessellift unmittelbar bis zur Brunnihütte SAC benützen.

Bergstation – Brunnihütte SAC
Die Luftseilbahn und der Sessellift Brunni ermöglichen auf sehr bequeme Art den Besuch der Brunnihütte SAC, die in wenigen Schritten von der Bergstation des Sessellifts erreichbar ist.

Variante ohne Bergbahnen:
Engelberg – Ristis – Brunnihütte SAC
Von Engelberg (999 m) über Flühmatt und Ristis auf gutem Weg zur Brunnihütte (1860 m). Ein gutes Stück kürzer als ab Engelberg ist der Zustieg ab Ristis, der Bergstation der Luftseilbahn.

Ohne Benützung der Luftseilbahn und des Sessellifts beträgt die Anmarschzeit ca. 2½ Stunden (860 Hm ab Engelberg). Ab Ristis (Bergstation Luftseilbahn) verkürzt sich der Aufstieg um mehr als die Hälfte (ca. 1 Std., 370 Hm).

Anreise

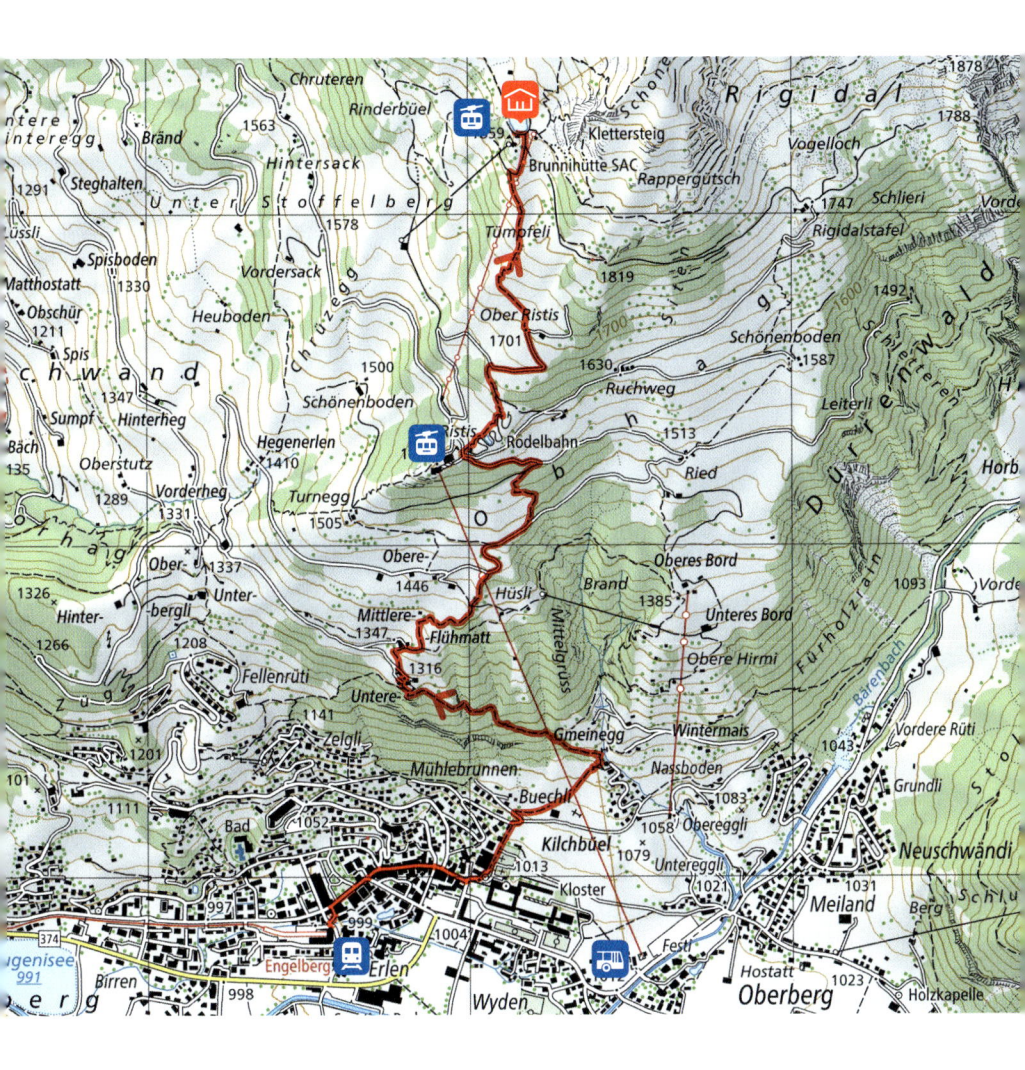

Anreise mit dem Zug via Luzern nach Engelberg (Ausgangspunkt der Wanderung). Für die Luftseilbahn: mit dem Bus weiter bis zur Haltestelle Engelberg, Brunnibahn.

Karte und Route ▲

Karten

LK 1:25 000, Blatt 1191   Engelberg
LK 1:50 000, Blatt   245   Stans

RUGGHUBELHÜTTE SAC
2294 m

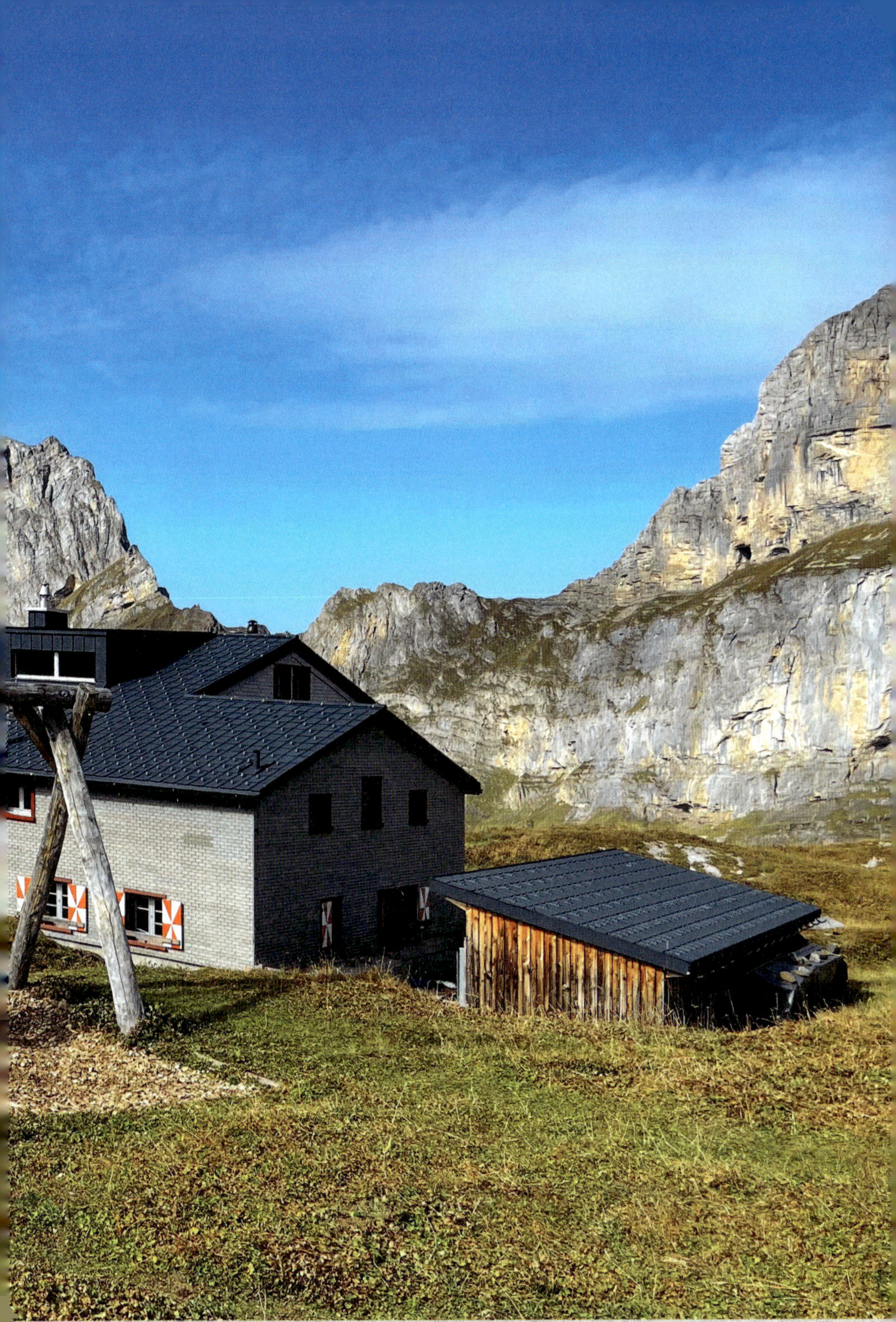

RUGGHUBELHÜTTE SAC (2294 m)

Geräumiges Berghaus, im Sommer via Brunni-Bahnen von Engelberg aus einfach zu erreichen, auch gut machbar mit Kindern und für weniger erfahrene Wandernde. Ein besonderes Erlebnis ist das Maultiertrekking von der Brunnihütte SAC zur Rugghubelhütte SAC. Gut beschriebene Kletterrouten befinden sich in den Kalkwänden nördlich der Hütte. Bergtouren und Überschreitungen bieten sich im Sommer wie auch im Winter an.

Hütte bewartet

Jan	Jul
Feb	Aug
Mär	Sep
Apr	Okt
Mai	Nov
Jun	Dez

Schlafplätze: 85

+41 41 637 20 64

info@rugghubel.ch

www.rugghubel.ch

E 2'678'116 / N 1'188'851

▲ *Murmeltiere gehören zu den aufmerksamen Bewohnern des Gebiets.*

▲ *Auf der Rugghubelhütte SAC geniesst man auf der Hüttenterrasse den wundervollen Sonnenuntergang.*

DIE HIGHLIGHTS

Auf dem Hüttenweg
- Härzlisee und Kitzelpfad beim Start ab Brunnihütte SAC
- Schöner Höhenweg mit traumhaftem Bergpanorama und Sicht auf Engelberg, vielfältige Alpenflora
- Beim Ristis bietet sich auf dem Rückweg die Sommerrodelbahn und Globis Alpenspielplatz an.

Rund um die Hütte
- Eine wunderbare Terrasse für etwa 120 Gäste mit einem einzigartigen Bergpanorama
- Sehr schöne Sonnenuntergänge
- Hinter dem Haus tummeln sich Murmeltiere, und für die Kinder gibt es eine Schaukel.

Essen & Trinken
- Regionale Spezialitäten: Käse und Fleisch, hausgemachte Suppen, feine Rösti
- Selbst gemachte Backwaren wie Wähen und Kuchen

Tipp: Hüttenküche mit feinen regionalen Spezialitäten

▲ Schöne Alpenflora und eindrückliche (Kletter)gipfel entlang des Hüttenwegs.

▲ Über den Bach beim Planggenstafel.

DER ZUSTIEG

🚶 Von der Brunnihütte SAC über Planggen

📊 T2   ↗ 2 h, 580 Hm   ↘ 130 Hm

Der Aufstieg zur Rugghubelhütte SAC erfolgt ab der Bergstation Brunni über einen einfachen und gut machbaren Weg. Auch bei nicht ganz optimaler Witterung ist die Wanderung problemlos zu bewältigen. Der Rückweg kann direkt zur Bergstation Ristis erfolgen. Als kleine Leckerbissen bieten sich dort die Sommerrodelbahn und Globis Alpenspielplatz an, bevor es mit der Luftseilbahn wieder talwärts geht.

Bergstation Brunnihütte SAC – Holzstein – Planggenstafel – Rugghubelhütte SAC
Am bequemsten ist der Zustieg, wenn man mit der Sesselbahn bis zur Brunnihütte SAC (1867 m) fährt und durch den Kessel von Rigidal zu P. 1878 bei Holzstein wandert, wo man auf den Weg von Engelberg oder Ristis trifft. Weiter über Tüfelstein zum Planggenstafel (1964 m) und auf gutem Wanderweg zur Rugghubelhütte SAC.

▲ *Mit seinen 85 Schlafplätzen ist die Rugghubelhütte SAC eine geräumige Unterkunft.*

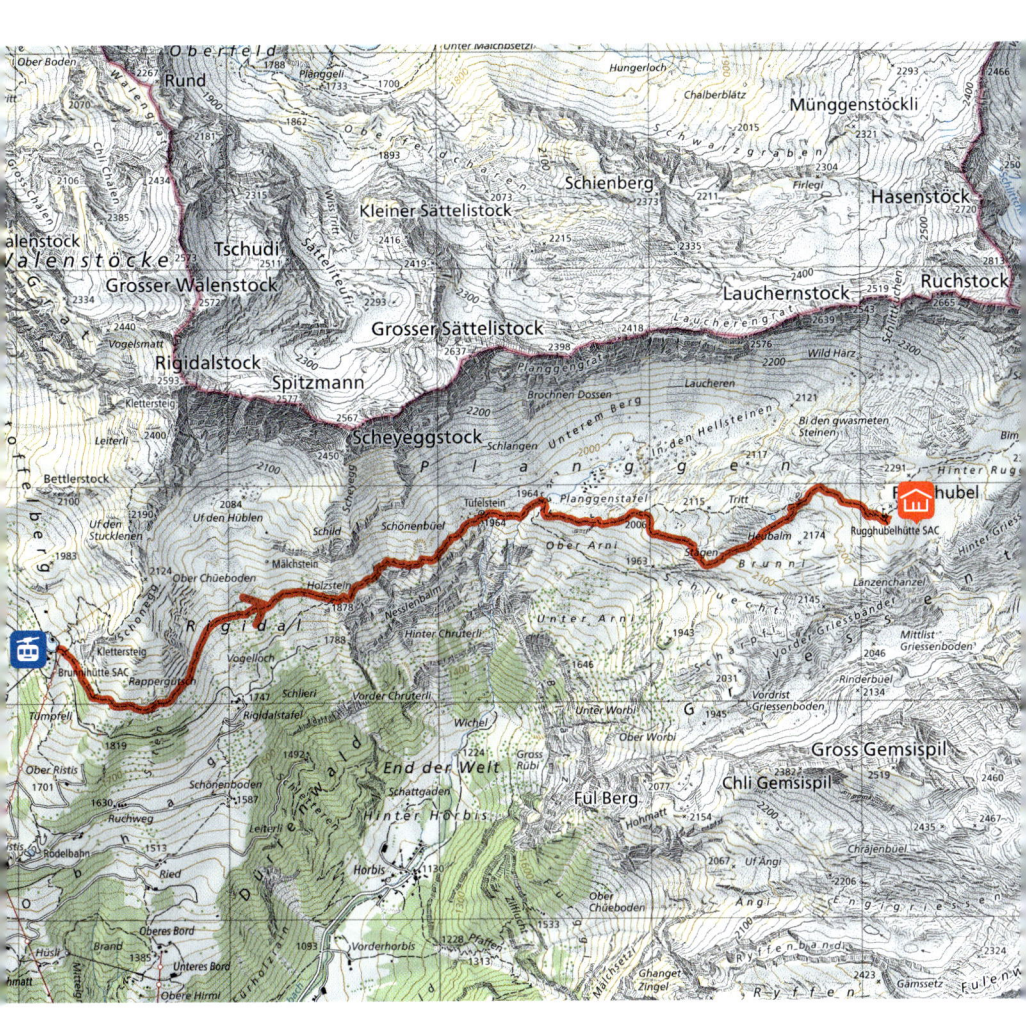

Anreise
Vom Bahnhof Engelberg mit dem Bus oder in zehnminütigem Marsch zu den Brunni-Bahnen. Mit der Luftseilbahn nach Ristis, weiter mit dem Sessellift nach Brunni. Durchgehender Betrieb von Anfang Mai bis Mitte November. Kinder bis 16 Jahre fahren in Begleitung eines Erwachsenen gratis. Parkplätze gibt es bei der Talstation.

Karte und Route ▲

Karten
LK 1:25 000, Blatt 1191   Engelberg
LK 1:50 000, Blatt   245   Stans

SPANNORTHÜTTE SAC
1956 m

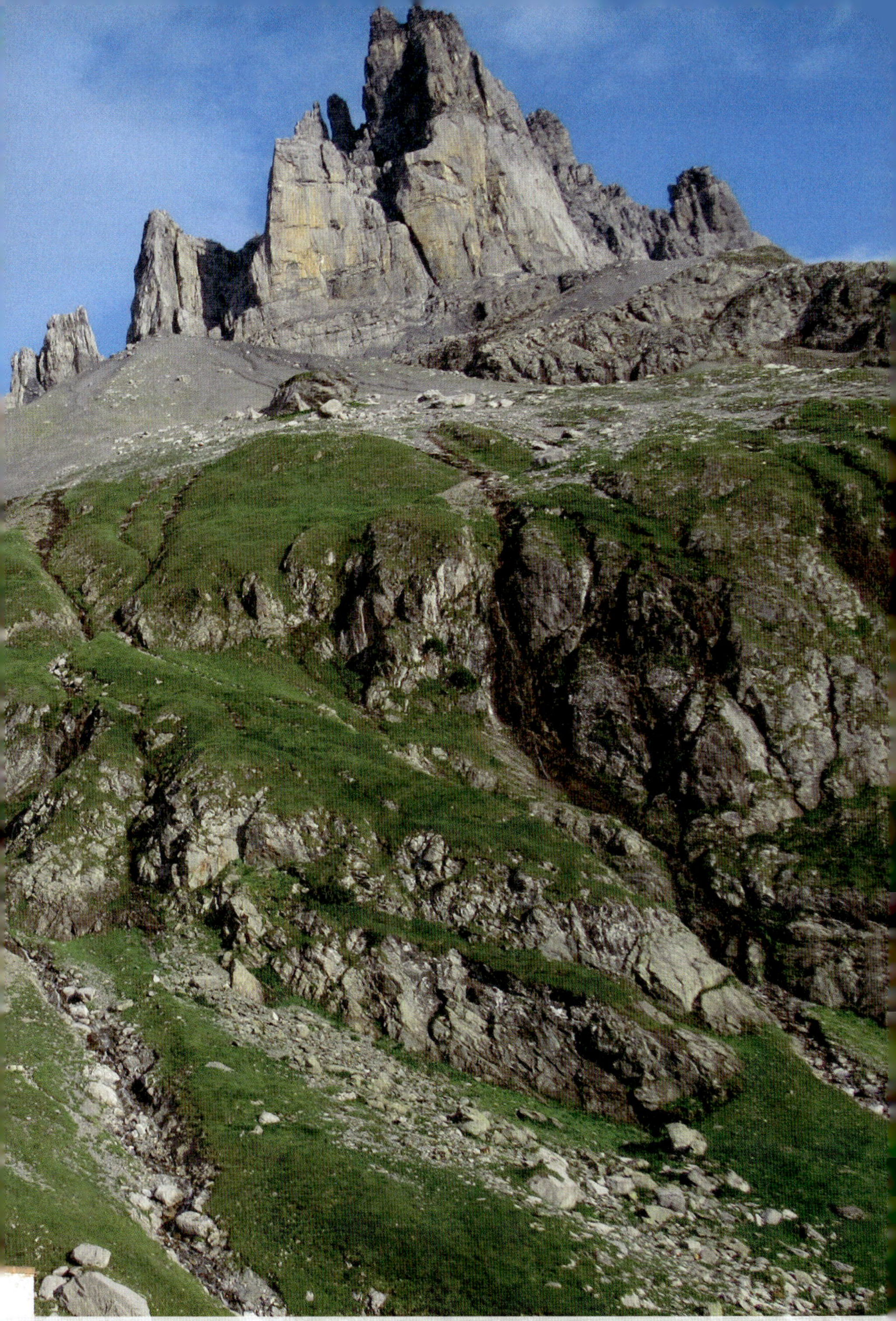

SPANNORTHÜTTE SAC (1956 m)

Die Spannorthütte SAC liegt in einer wilden, ursprünglichen Umgebung, am Fusse des Schlossberges, unweit der Kletterberge Gross und Chli Spannort, hoch über dem Ferienort Engelberg – und trotzdem im Kanton Uri. Die typische, an den Felsen gedrückte Hütte wurde kürzlich um ein separates Gebäude unter der Terrasse erweitert.

Hütte bewartet

Jan	Jul
Feb	Aug
Mär	Sep
Apr	Okt
Mai	Nov
Jun	Dez

Schlafplätze: 40

📞 +41 41 637 34 80

🖥 info@spannorthuette.ch

www.spannorthuette.ch

🧭 E 2'681'817 / N 1'183'729

▲ *Die Spannorthütte SAC mit der 2017 angebauten Erweiterung.*

▲ *Stets im Dienste der Gäste: die Küche der Spannorthütte SAC.*

DIE HIGHLIGHTS

Auf dem Hüttenweg
- Spannende, kurze Kraxelei im Gelbplattental. Kinder sollten hier gesichert werden.

Rund um die Hütte
- Entspannung mit Aussicht auf einer der gemütlichen Sitzgelegenheiten
- Abkühlung im hüttennahen Naturpool
- Ausblicke auf den imposanten Schlossberg

Essen & Trinken
- Die Spezialität des Hüttenwarts Andy Ott: die Spätzlipfanne

Tipp
Entspannung, Aussicht und die Spätzlipfanne

AUS DER HÜTTENKÜCHE
Spannorthütten-Spätzlipfanne mit Brennnesselpesto

Für 4 Personen

Für die Spätzli

(Bio-)Eier	3	
Wasser	1,5 dl	Im Massbecher gut mischen.
Frische, zarte Brennnesselblätter		Können je nach persönlicher Vorliebe fein gehackt und dazugemischt werden.
Knöpflimehl	300 g	
Salz	1 KL	
Kurkuma	etwas	In Schüssel geben, die Flüssigkeit dazugiessen und von der Mitte her anrühren. Anschliessend den Teig etwas ruhen lassen.
Wasser	2 Liter	Aufkochen.
Salz	1 EL	Spätzli/Knöpfli durch Knöpflisieb streichen, gut abtropfen lassen oder mit kaltem Wasser abspülen.

Bei grösseren Mengen etwas Oliven- oder Rapsöl dazugeben und die frischen Spätzli in den Kühlschrank stellen.

Vor dem Servieren die Portion kurz in Butter anbraten, ins Servierpfännli mit Reibkäse und etwas Saucenrahm einschichten. Mit Milch, Muskat und Salz übergiessen. Dann den Käse für 8 min bei 180 °C im Backofen schmelzen lassen. Mit Dekoration und selbst gemachtem Brennnesselpesto servieren.

Brennnesselpesto

Frische, junge Brennnesselblätter		Mit Handschuhen pflücken, fein hacken, abspülen und abtropfen lassen.
Knoblauchzehen	1–2	
Oliven- oder Rapsöl	1–2 dl	Mit dem Pürierstab mixen.
Geröstete Pinien- oder Sonnenblumenkerne und ev. Baumnüsse	50 g	Kurz mixen oder im Mörser gestampft dazugeben.
Salz und Pfeffer		Abschmecken.
Reibkäse	50 g	Daruntermischen und servieren.

Für eine längere Haltbarkeit des Pestos füllen wir dieses in ein Glas und bedecken es mit Öl.

Den Reibkäse erst vor dem Portionieren dazugeben.

▼ *Die Spätzlipfanne mit Brennesselpesto.*

DER ZUSTIEG

🚶 **Von Engelberg (Herrenrütiboden) über Alp Stäfeli**

📶 T3   ↗ 3 h, 900 Hm

Der Aufstieg von Engelberg zur Spannorthütte SAC beginnt gemütlich entlang der Engelberger Aa, wird dann aber unter den Wänden des Schlossbergs markant steiler. Obwohl der Zugang als weiss-rot-weisser Wanderweg bezeichnet ist, hält er ein paar schmale Passagen und auch eine kurze Kletterstelle bereit. Der Zustieg weist den Schwierigkeitsgrad T3 auf (siehe SAC-Wanderskala).

Talstation Fürenalpbahn – Herrenrüti – Niedersurenen
Beim Parkplatz Herrenrütiboden (Seilbahn Fürenalp) folgt man dem Strässchen zur Herrenrüti. Man überquert nun die Engelberger Aa und wandert zeitlich etwas länger, aber landschaftlich schöner bis Niedersurenen (Restaurant Alpenrösli) auf der südlichen Seite des Bachs.

Niedersurenen – Alp Stäfeli – Spannorthütte SAC
Beim Restaurant Alpenrösli wechselt man wieder die Uferseite und steigt auf dem breiten Wanderweg zum Stäfeli. Hier überquert man den Stierenbach und folgt dem steilen und markierten Weg über den Geissrüggen zur Spannorthütte SAC.

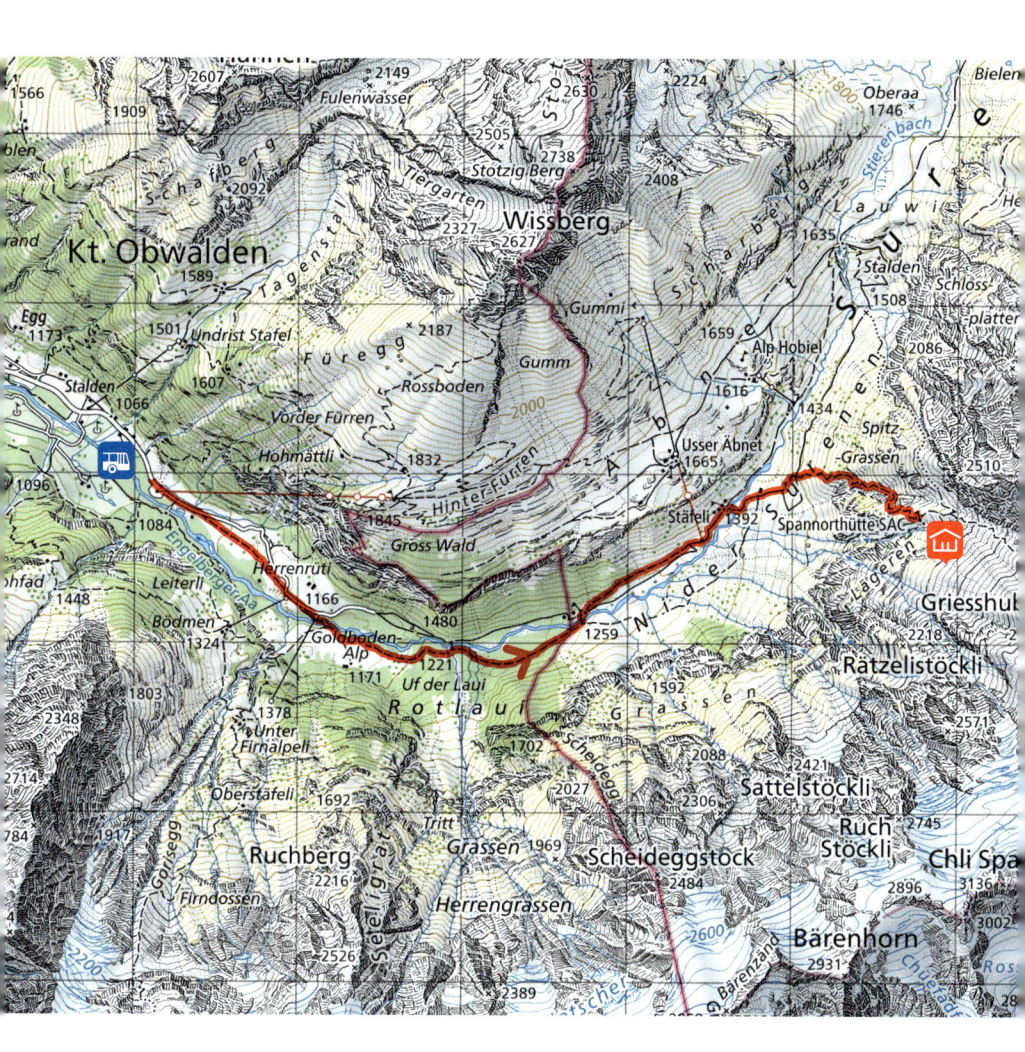

Anreise
Vom Bahnhof Engelberg mit dem Bus bis zur Talstation der Fürenalpbahn. Informationen unter www.fuerenalp.ch.

Karte und Route ▲

Karten
LK 1:25 000, Blatt 1191   Engelberg
LK 1:50 000, Blatt   245   Stans

Spannorthütte SAC | 195

SUSTLIHÜTTE SAC
2257 m

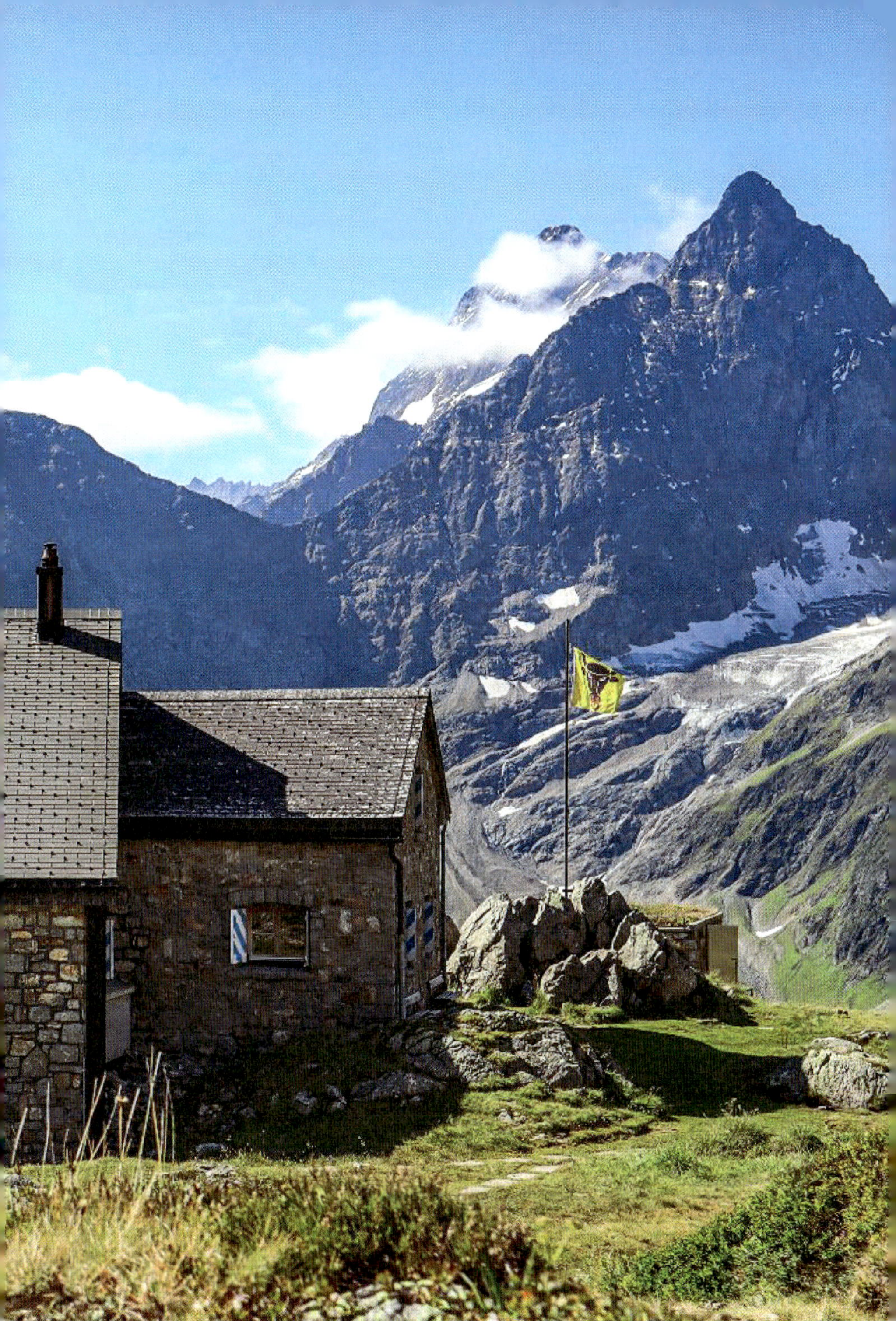

SUSTLIHÜTTE SAC (2257 m)

Auf sonniger, grüner Geländeterrasse hoch über der Sustenpassstrasse gelegen – und doch mit kurzem Zugang. Beliebt ist die Hütte bei Wanderinnen und Wanderern allen Alters. Der direkte (nicht einzige) Aufstieg über den Leiterliweg ist speziell und abwechslungsreich. Kletternde finden in der Umgebung ein wahres Eldorado an Routen aller Längen und Schwierigkeitsgrade. Auf der Hüttenterrasse lässt sich wunderbar ausspannen und das Panorama geniessen.

Hütte bewartet

Jan	Jul
Feb	Aug
Mär	Sep
Apr	Okt
Mai	Nov
Jun	Dez

Schlafplätze: 67

+41 41 885 17 57

info@sustlihuette.ch

www.sustlihuette.ch

E 2'678'864 / N 1'178'346

▲ *Wem da nicht das Wasser im Mund zusammenläuft …*

198 | Genussvolle SAC-Hütten

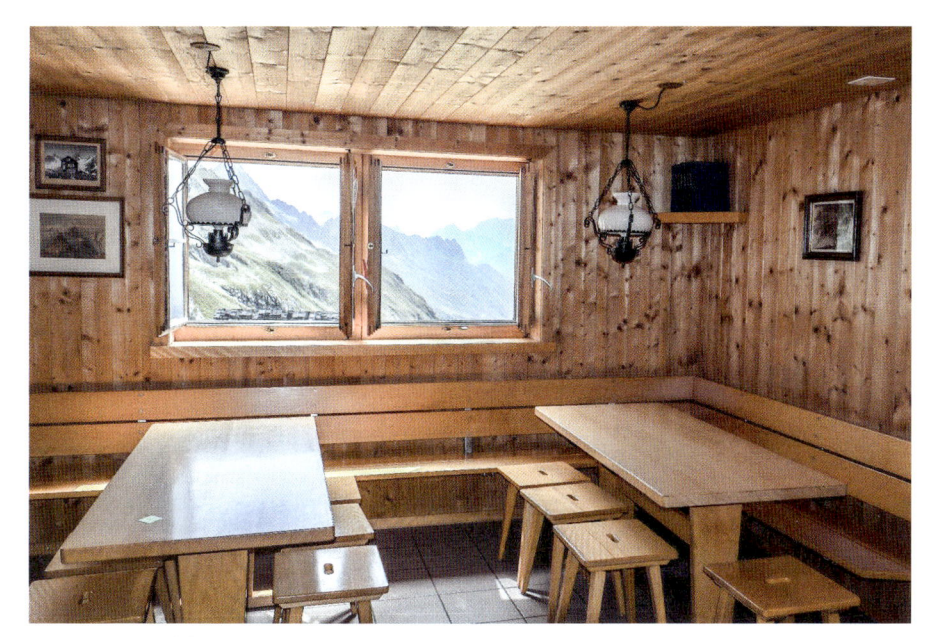

▲ Die gemütliche Gaststube der Sustlihütte SAC.

DIE HIGHLIGHTS

Auf dem Hüttenweg
- Top für Tagesausflug: Kurzer Zustieg und deshalb maximaler Hüttengenuss.
- Der abwechslungsreiche Leiterliweg: Vier Leitern helfen über Felsstufen hinweg.

Rund um die Hütte
- Grandiose Aussicht auf der Hüttenterrasse
- Kinderfreundliches Gelände
- Tyrolienne in Hüttennähe
- Viele Klettergärten rund um die Hütte
- Kleines Seelein ca. 30 Minuten von der Hütte entfernt

Essen & Trinken
- Hausgemachter Lebkuchen
- Diverse Käseschnitten

Tipp: Leiterliweg, grandiose Aussicht von der Hüttenterrasse

▲ *Der Name ist Programm: Der Leiterliweg überwindet vier Felsstufen mit fix montierten Leitern.*

▲ Der Start des Leiterliwegs ist gut markiert. Im Hintergrund das Gwächtenhorn.

▼ Es hat, solange es hat – hausgemachter Lebkuchen.

DER ZUSTIEG

🥾 **Vom Sustenbrüggli (Normalroute)**

📶 T2   ↗ 1 h, 350 Hm

Der Normalweg ist weniger steil, leichter und dafür etwas länger als der Leiterliweg. Von Chli Sustli folgt der Weg ca. 400 Meter dem Sustlibach, bevor er rechts, allmählich steiler werdend, dem Hang zur Hütte folgt. Viele schöne Plätze am Bach und das Bouldergebiet Sustenbrüggli laden zum Verweilen ein!

Sustenbrüggli – Sustlibach – Sustlihütte SAC
Von der Postautohaltestelle beim Sustenbrüggli (1907 m) rechts am Restaurant vorbei und ca. 300 Meter dem Sustlibach entlang. Der Weg steigt nun steil an und führt in ein paar Kehren nordostwärts zur Hütte hoch.

Variante: Vom Sustenbrüggli über den Leiterliweg
Abwechslungsreicher, interessanter und schnellster Aufstieg zur Hütte. Von Chli Sustli führt der Weg den steilen Geländerücken unmittelbar links der Transportseilbahn hoch. Über steile Geländestufen helfen vier fix montierte Leitern hinweg.

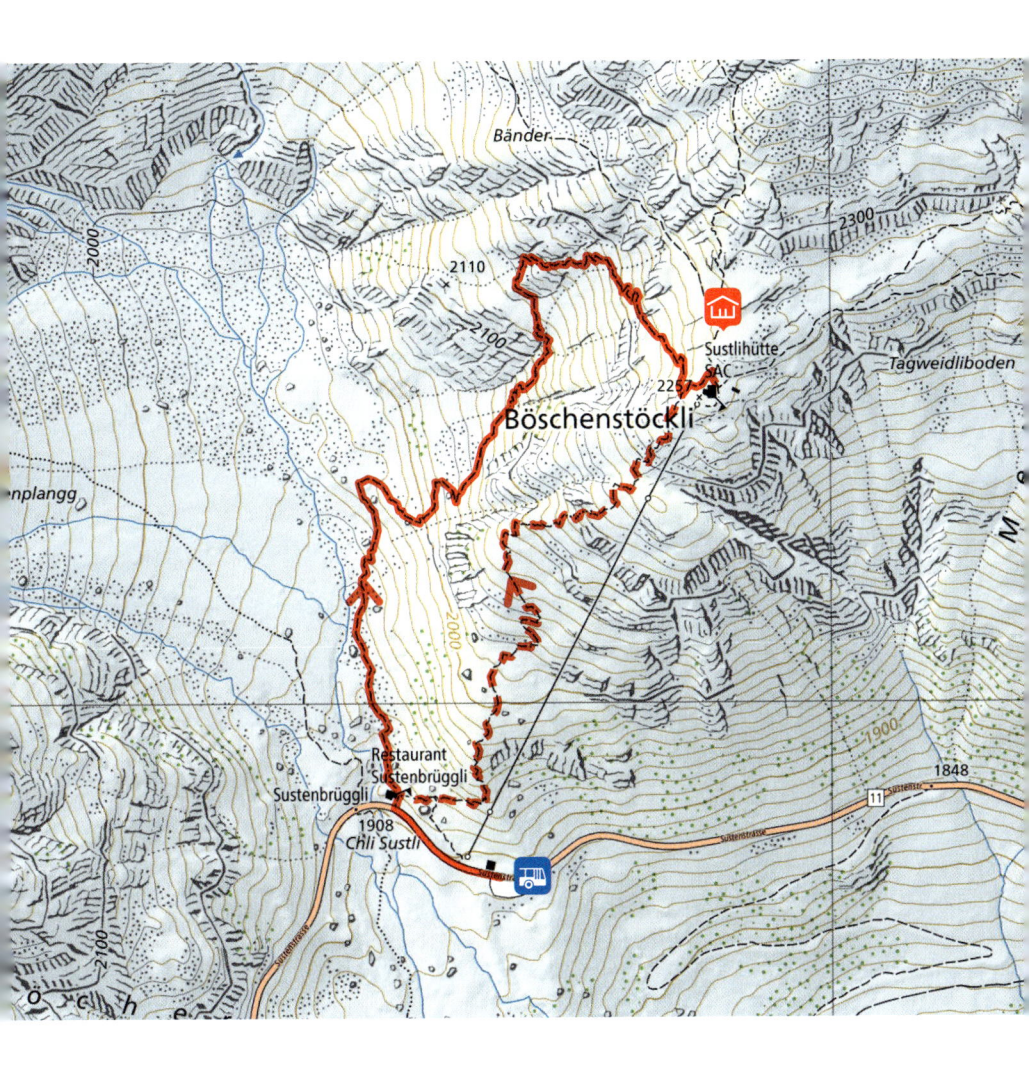

Anreise
Mit dem Postauto von Göschenen oder Meiringen auf der Sustenpasslinie zur Haltestelle Meien, Sustenbrüggli. Verkehrt von Ende Juni bis Mitte Oktober zweimal täglich. Parkplätze stehen 150 Meter talauswärts Richtung Meien beim Werkhof zur Verfügung.

Karten
LK 1:25 000, Blatt 1211   Meiental
LK 1:50 000, Blatt   255 Sustenpass

Karte und Route ▲

SEWENHÜTTE SAC
2150 m

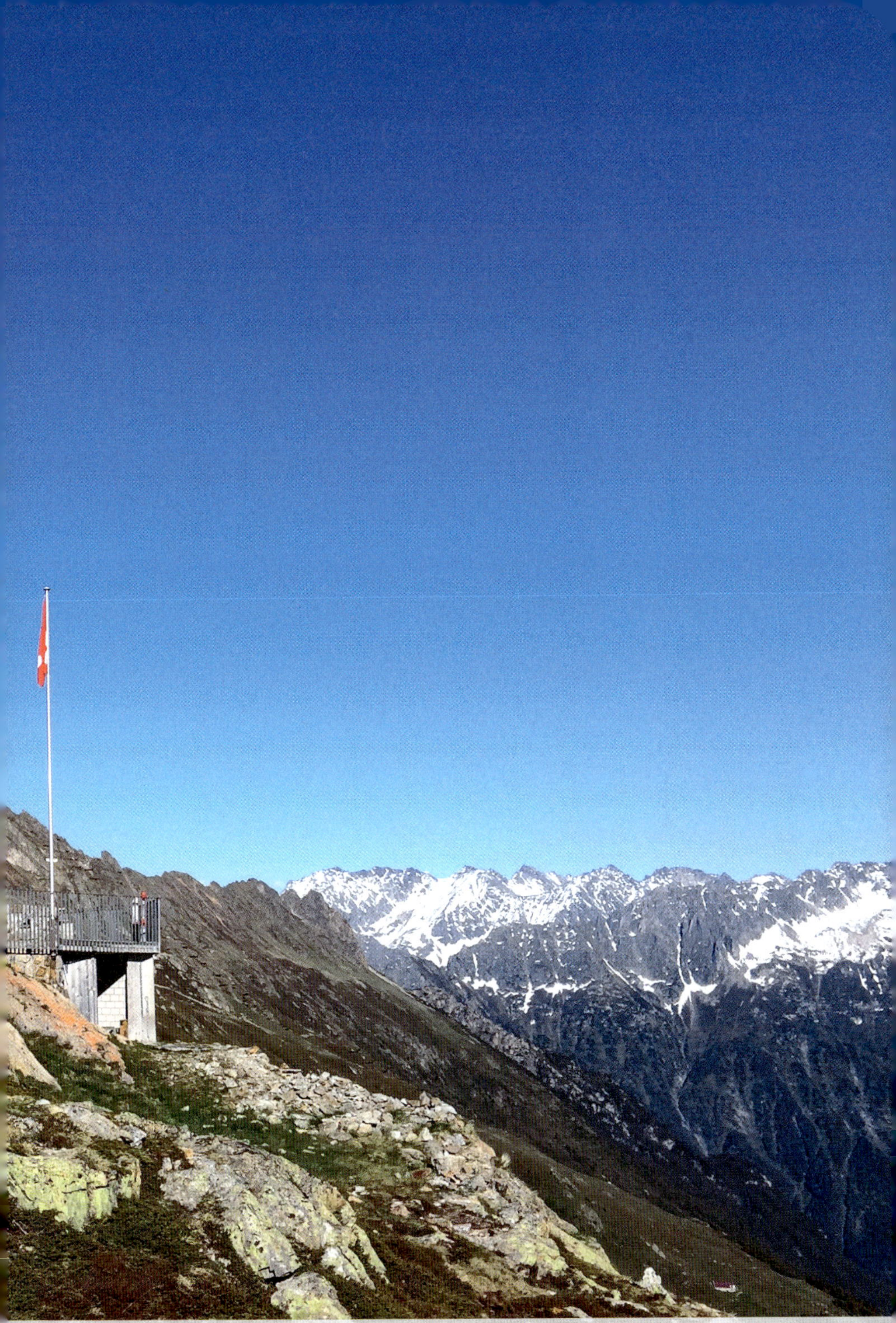

SEWENHÜTTE SAC (2150 m)

Die Sewenhütte SAC, über dem Urner Meiental gelegen, ist beliebt für Tagesausflüge, bei Familien und Kletternden. Die Hüttenwege sind als Zwergenwege eingerichtet. Attraktionen sind die Klettergärten, die Tyrolienne und der Sewensee mit kleinem Ruderboot. Im Liegestuhl auf der Hüttenterrasse lässt sich der Ausblick auf Fleckistock und Fünffingerstöck geniessen.

Hütte bewartet

Jan	Jul
Feb	Aug
Mär	Sep
Apr	Okt
Mai	Nov
Jun	Dez

Schlafplätze: 62

📞 +41 41 885 18 72

🖥 info@sewenhuette.ch

www.sewenhuette.ch

🧭 E 2'682'709 / N 1'177'837

▲ *Mit Kaffee und Kuchen beginnt der Hüttenaufenthalt optimal.*

▲ *Begegnung: Steinbock trifft die Holzfigur des Isenthaler Holzbildhauers Peter Bissig.*

DIE HIGHLIGHTS

Auf dem Hüttenweg
- Der Zustieg durch den Lärchenwald ist vor allem im Herbst märchenhaft.
- Die lustigen Zwerge sorgen bei Kindern für Abwechslung.

Rund um die Hütte
- Eine Bootsfahrt auf dem Sewensee
- Diverse Klettergärten und Klettertouren
- Im Juni kann man bei der Hütte Steinböcke beobachten.
- Die lustigen Holzfiguren von Peter Bissig

Essen & Trinken
- Legendär und hausgemacht: die Linzertorte und der Streuselkuchen
- Die einheimische Spezialität: Meientaler Kartoffelpfanne

Tipp

Zustieg und Verpflegung sind... märchenhaft!

Sewenhütte SAC | 207

▲ *Der Aufstieg im Herbst durch den schönen Lärchenwald.*

▲ Lustige, bunt bemalte Zwerge …

▼ … entlang des Hüttenaufstiegs.

▲ *Eine Bootsfahrt auf dem Sewensee ist ein besonderes Erlebnis.*

▲ *Spektakulär: die Fahrt mit der Tyrolienne.*

▼ *Legendär: die Linzertorte..*

DER ZUSTIEG

🚶 **Von der Gorezmettlen über die Gitzichrummenflue**

📶 T2   ↗ 1 h 30 min, 540 Hm

Der Normalaufstieg zur Sewenhütte SAC führt im zweiten Teil über einen sonnigen Geländerücken. Hier fliesst bei einem nachmittäglichen Aufstieg der Schweiss in Strömen. In den zahlreichen Serpentinen blickt man immer wieder sehnsüchtig zur Hütte hoch. Hat man diese Fleissarbeit aber einmal erledigt, steht man auf einer wunderbaren Geländeterrasse und gelangt mit wenigen Schritten zur gemütlichen Sewenhütte SAC.

Gorezmettlen – Gitzichrummenflue – Sewenhütte SAC
Von der Bushaltestelle kurz der Passstrasse entlang zur Strassenbrücke bei P. 1613. Danach führt der Hüttenweg ostwärts zur Gitzichrummenflue und steigt in zahlreichen Kehren nordöstlich zur Hütte an.

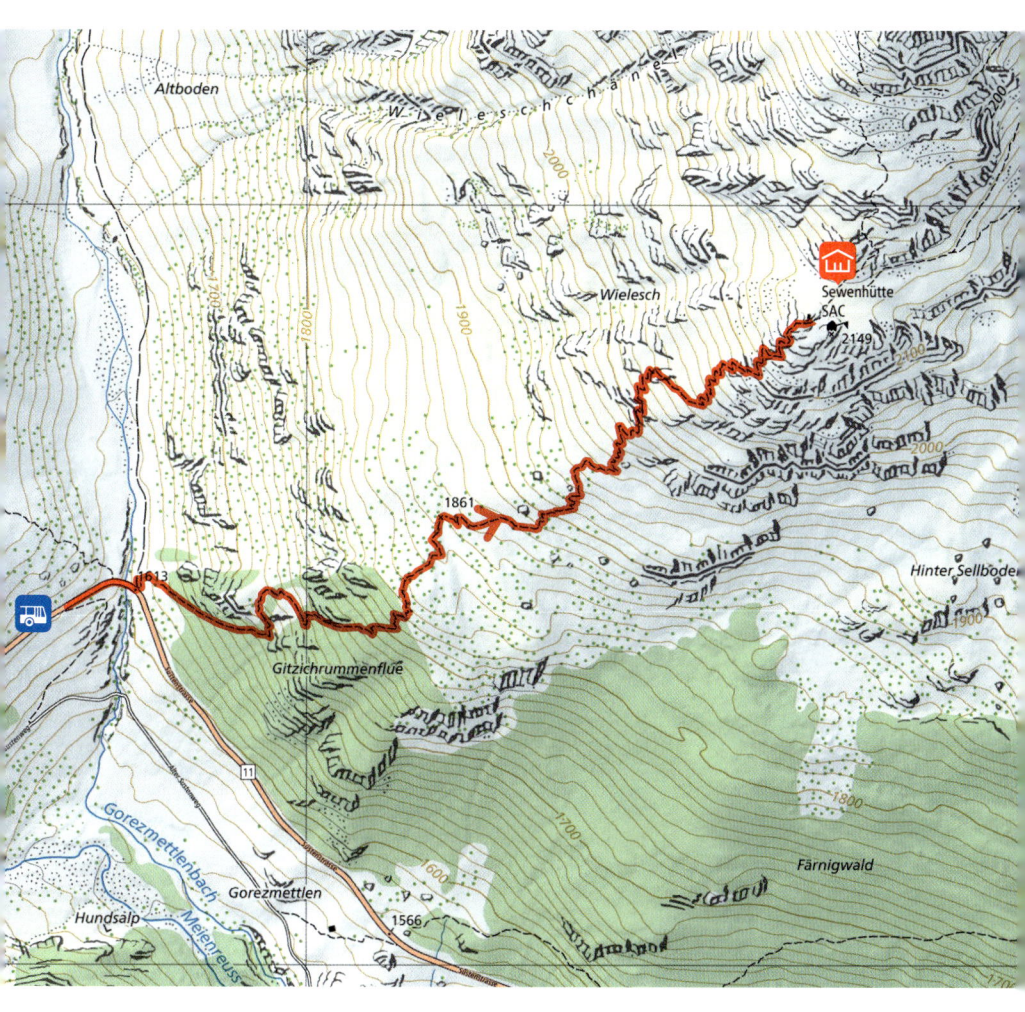

Anreise
Mit dem Postauto vom Bahnhof Göschenen oder Meiringen auf der Sustenpasslinie zur Haltestelle Meien, Gorezmettlen. Verkehrt von Ende Juni bis Ende September zweimal täglich. Parkplätze gibt es bei der Bushaltestelle.

Karte und Route ▲

Karten
LK 1:25 000, Blatt 1211   Meiental
LK 1:50 000, Blatt   255   Sustenpass

VORALPHÜTTE SAC
2126 m

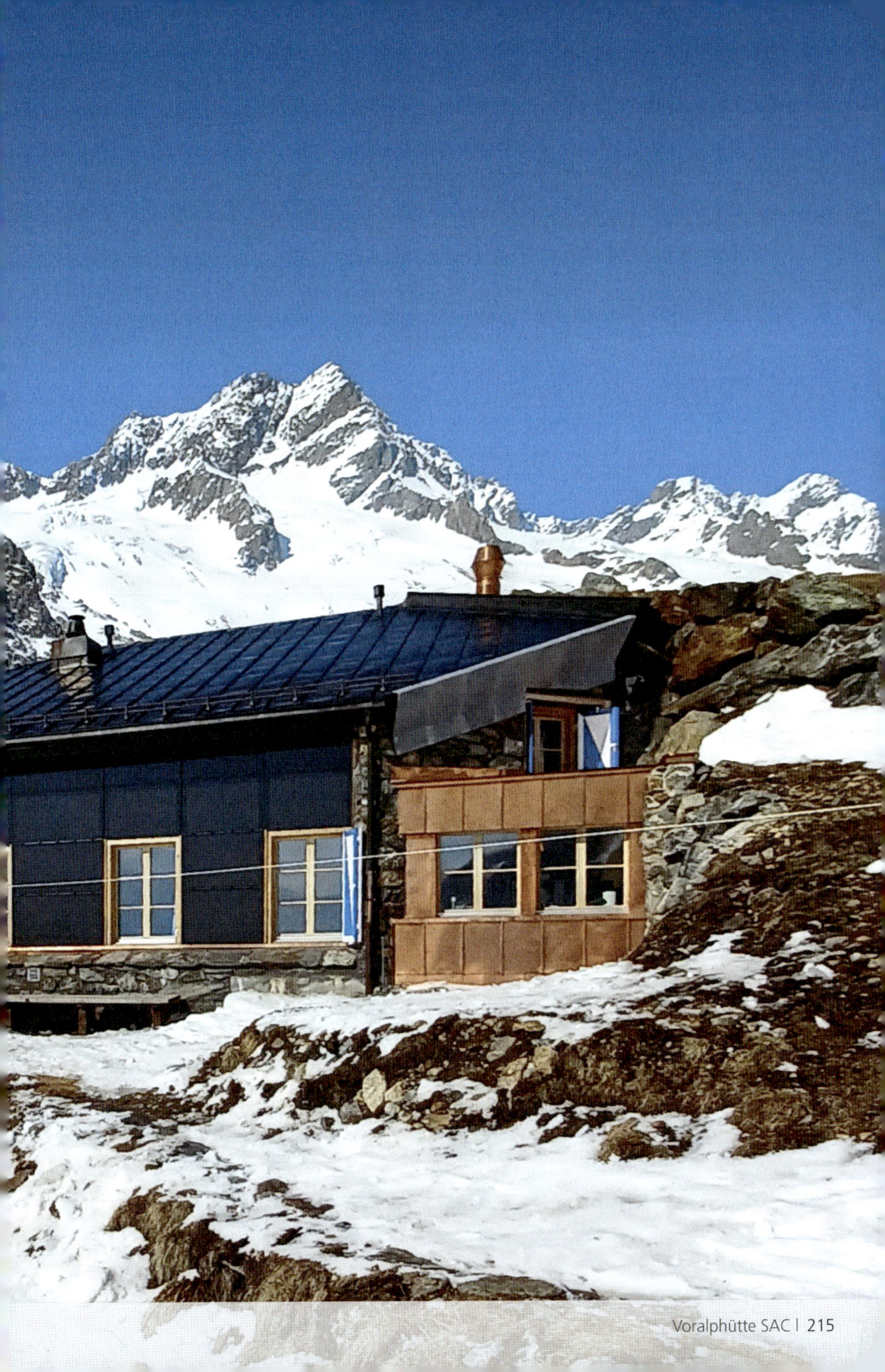

VORALPHÜTTE SAC (2126 m)

Die kleine, heimelige Voralphütte SAC liegt in einem stillen Seitental und bietet grossartige Naturerlebnisse: Granitfelsen, so weit das Auge reicht, eine reiche Flora und die Aussicht auf die Gletscher unterhalb des Sustenhorns. Die Voralpreuss schlängelt sich rauschend durchs Tal und lädt zum Verweilen ein. In der Hütte warten leckere Kuchen und grosszügige Schlafräume auf die Besucher.

Hütte bewartet

Jan	Jul
Feb	Aug
Mär	Sep
Apr	Okt
Mai	Nov
Jun	Dez

Schlafplätze: 40

☎ +41 41 887 04 20

🖥 info@voralphuette.ch

www.voralphuette.ch

🧭 E 2'680'246 / N 1'171'578

▲ Der Erdwall links schützt die heutige Hütte vor Lawinen. Eine solche zerstörte 1988 die Voralphütte SAC.

▲ Blick ins wildromantische Voralptal.

DIE HIGHLIGHTS

Auf dem Hüttenweg
- Wildromantisches Voralptal mit einer grossen Blumen- und Tiervielfalt
- Mit etwas Glück sind Gämsen, Murmeltiere und Steinböcke zu sehen.

Rund um die Hütte
- Auf den Spuren des Gletschers auf dem Rundweg Richtung Wallenburfirn, luftige Brücke inklusive
- Kleiner Badeteich
- Diverse Kletterrouten

Essen & Trinken
- Lassen wir uns überraschen! Die Hüttenwarte Monika und Sepp Herger übergeben Ende 2024 die Hütte an ein neues Team.

Tipp

Natur erleben im wildromantischen Voralptal

▲ *Die Voralphütte SAC ist wunderschön in die alpine Landschaft eingebettet. Im Hintergrund der Ostgrat des Sustenhorns.*

▲ Das Gletschertor beim Wallenburfirn.

▼ Die Hütte liegt noch im Schatten, derweilen das Sustenhorn im Morgenlicht erstrahlt.

DER ZUSTIEG

🥾 Von der Voralpkurve

📶 T2   ↗ 2 h 30 min, 740 Hm

Die ersten Schritte auf dem Weg zur Voralphütte SAC führen über die schäumende Voralpreuss. Sie wird bis zum Schluss ein ständiger Begleiter auf dieser Wanderung bleiben. Nach dem Start im Wald bei Wiggen öffnet sich daraufhin das Tal und erlaubt einen ersten Blick auf das imponierende Sustenhorn. Auf der Alp Horefelli sind die Spuren verheerender Rüfen und Bergstürze deutlich erkennbar. Ein letzter steiler Anstieg noch und schon steht man auf der Terrasse der gemütlichen Voralphütte, die markant auf einer Geländeschulter den Lawinen und Stürmen trotzt.

Voralpkurve – Alp Horefelli – Voralphütte SAC
Von der Haltestelle in der Haarnadelkurve P. 1402 (Parkplatz) überquert man die Voralpreuss und steigt in Serpentinen den Wald hoch. Nach Überwindung der ersten Steilstufe führt der Weg flacher dem Hang entlang zur Alp Horefelli und weiter auf der östlichen Talseite über Sunnig Bodmen und Wallenbur zur Voralphütte SAC.

Variante: Dem Südufer der Voralpreuss entlang
Wenige Meter nach der Alp Horefelli kann man über die Voralpreuss wechseln (P. 1795) und an deren Südufer gegen Flachensteinen aufsteigen. Ca. 500 Meter nach der Alphütte von Flachensteinen überquert man auf einem schmalen Steg wieder die Voralpreuss, die sich hier durch eine enge Schlucht zwängt. Mit einem steilen Anstieg gelangt man kurz vor der Hütte wieder auf den Normalweg und steht eine Minute später vor der heimeligen Unterkunft.

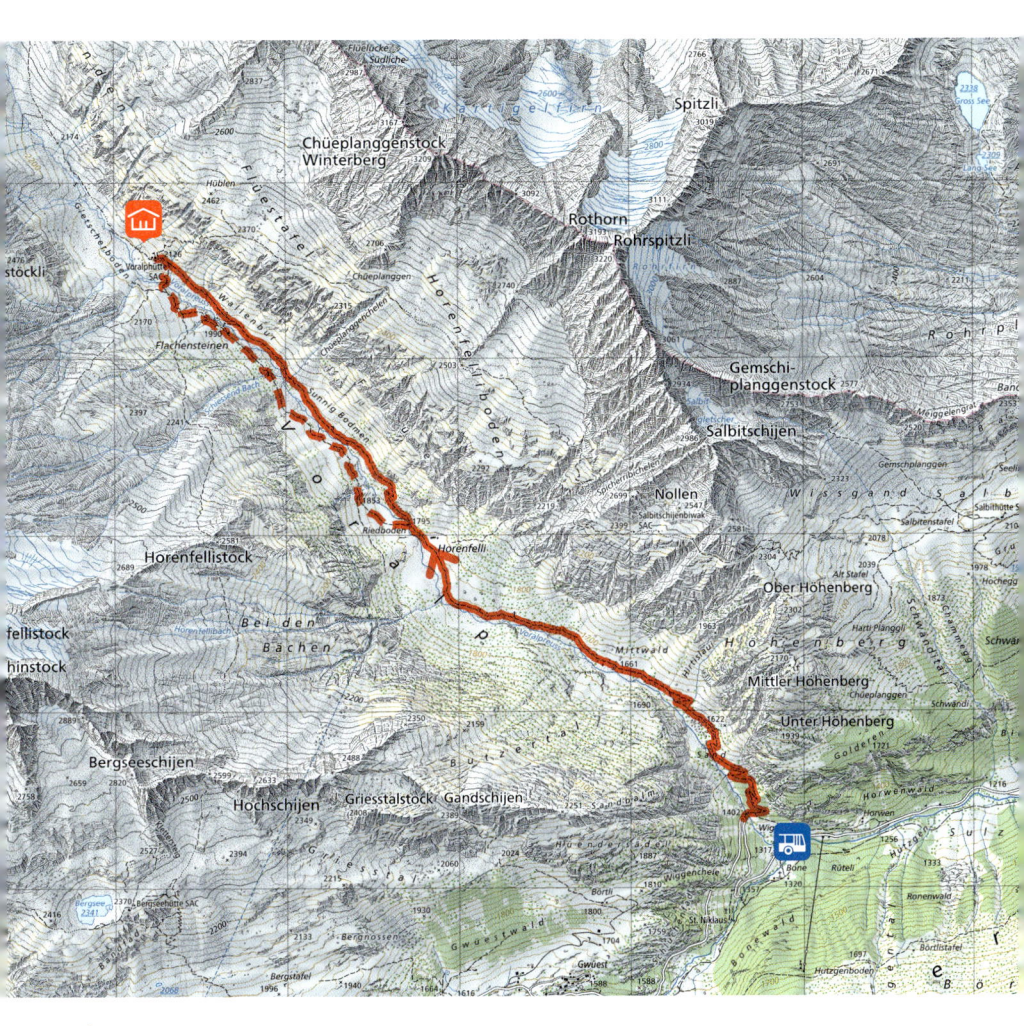

Anreise
Vom Bahnhof Göschenen mit dem Postauto bis zur Haltestelle Göschenen, Abzw. Voralp. Fährt siebenmal täglich von Ende Juni bis Mitte Oktober.

Karten
LK 1:25 000, Blatt 1211 Meiental
LK 1:50 000, Blatt 255 Sustenpass

Karte und Route ▲

CHELENALPHÜTTE SAC
2350 m

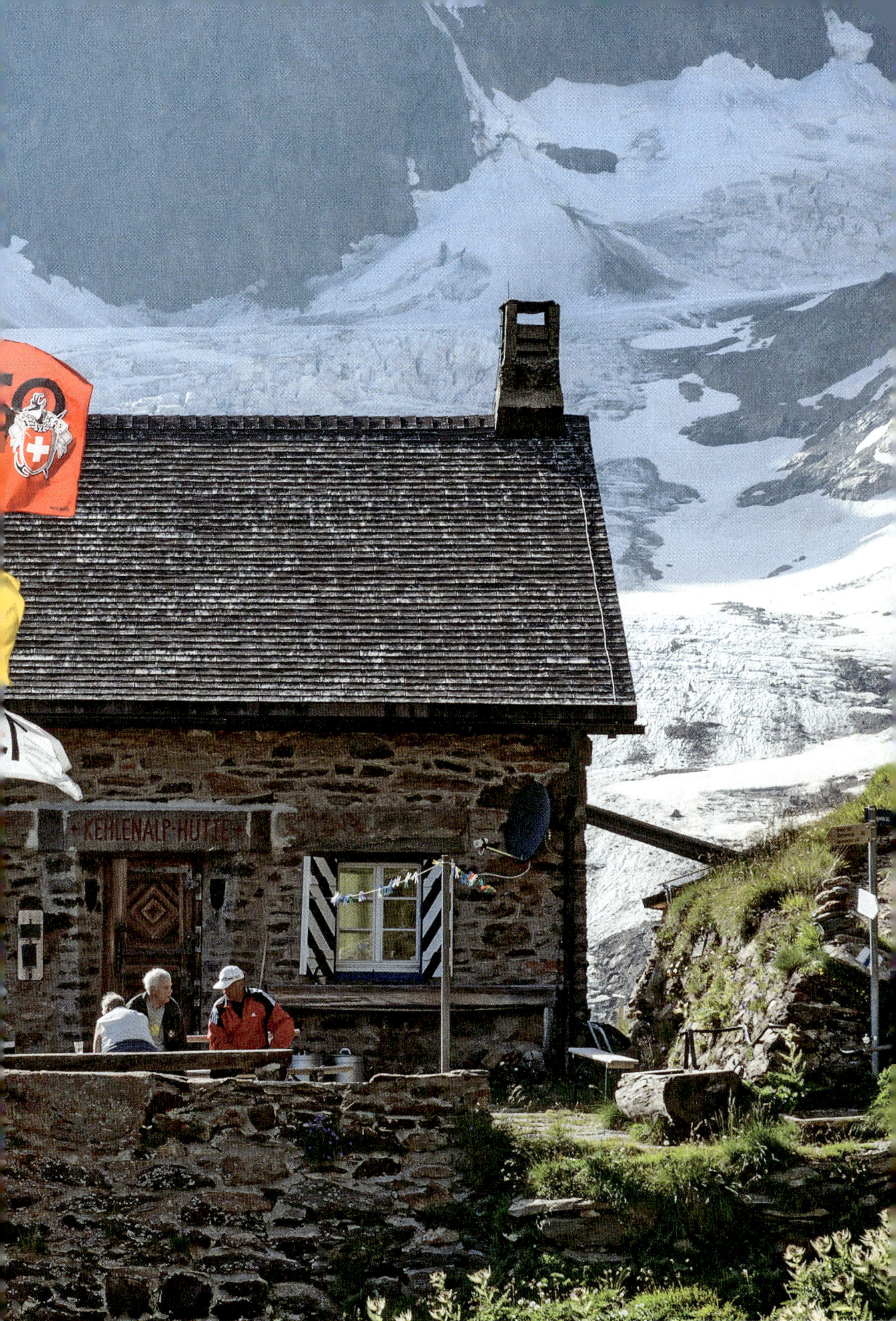
KEHLENALP-HÜTTE

CHELENALPHÜTTE SAC (2350 m)

Die traditionelle SAC-Hütte thront auf einer Felsterrasse 300 Meter über dem Tal der Chelenreuss, hinter dem Göscheneralpsee. Der Blick in den vergletscherten Talabschluss und zu den gegenüberliegenden Granitgipfeln ist sehr eindrucksvoll. Der abwechslungsreiche Hüttenzustieg macht die Chelenalphütte SAC zu einem beliebten Wanderziel. Sie ist auch Etappenort des anspruchsvollen Fünf-Hütten-Panoramaweges mit Start und Ziel in Göschenen.

Hütte bewartet

Jan	Jul
Feb	Aug
Mär	Sep
Apr	Okt
Mai	Nov
Jun	Dez

Schlafplätze: 42

📞 +41 41 885 19 30

💻 info@chelenalp.ch

www.chelenalp.ch

🧭 E 2'676'630 / N 1'169'430

▲ *Der Zustieg durch das Chelenaptal ist geprägt von alpinem Ambiente.*

▲ Die gemütliche Hüttenstube – hier lässt es sich gerne verweilen.

DIE HIGHLIGHTS

Auf dem Hüttenweg
- Sehr angenehme, eher flache, abwechslungsreiche Wanderung durchs Göscheneralptal, auf den letzten 200 Höhenmetern ist etwas mehr Beinkraft gefordert.

Rund um die Hütte
- Eine «echte» SAC-Hütte für ein richtiges Berghüttenerlebnis
- Wunderschönes alpines Ambiente inmitten von Gletschern und Granitgipfeln

Essen & Trinken
- Die Produkte für die währschaften Hüttengerichte werden möglichst unverarbeitet, biologisch, regional und saisonal eingekauft.
- Das Wasser, gefiltert und gesprudelt, stammt vom Brunnenfirn (Gletscher) hoch über der Chelenalphütte SAC.

Tipp
Alpines Ambiente für ein echtes Berghüttenerlebnis

▲ In der Bildmitte der Massplangstock, im Vordergrund der Chelengletscher.

▲ Scheint die Sonne in die Zimmer, sind Wanderinnen und Alpinisten meist schon unterwegs.

▼ Das Bergpanorama von links nach rechts. Hinten: Mittagsstock, Müeterlishorn, Blauberg. Mitte: Höhenberg, Planggenstock, Lochberg. Vorne: der Moosstock.

DER ZUSTIEG

🚶 Von der Göscheneralp

📊 T2   ↗ 3 h, 750 Hm

Seit dem Bau des Göscheneralp-Stausees in den Fünfzigerjahren müssen auf dem Weg zur Chelenalphütte rund 150 Höhenmeter zusätzlich gemeistert werden. Belohnt werden diese mit dem Dauerpanorama der gewaltigen Ostwände von Dammastock und Co., ihres Zeichens die höchsten Urner Gipfel.

Göscheneralp – Hinter Röti – Chelenalphütte SAC

Vom Hotel Dammagletscher (1782 m) folgt man dem guten Weg auf den flachen Boden des «Berg» (auf der Landkarte: «Auf dem Berg»), eine alpine Moorlandschaft. Danach senkt sich der Weg ans westliche Ende des Göscheneralpsees. Man folgt der noch jungen Chelenreuss auf der nördlichen Seite über Hinter Röti (1914 m) bis zu einem grossen Steinmann auf ca. 2130 m. Dann steigt der Weg in Serpentinen durch den Steilhang zur Hütte. Das kühle Getränk hat man sich nun redlich verdient.

Anreise

Mit dem Zug via Andermatt nach Göschenen.
Mit dem Bus bis zur Endhaltestelle Göscheneralp,
Dammagletscher. Busbetrieb nur im Sommerhalbjahr, Reservation nötig. Weitere Transportmöglichkeiten: Taxi Göscheneralptal, Christian Näf,
079 545 14 52 (Sommer und Winter), mybuxi
(Sommer, buchbar via App).

Karte und Route ▲

Karten

LK 1:25 000, Blatt 1231   Urseren
LK 1:50 000, Blatt   255   Sustenpass

DAMMAHÜTTE SAC
2439 m

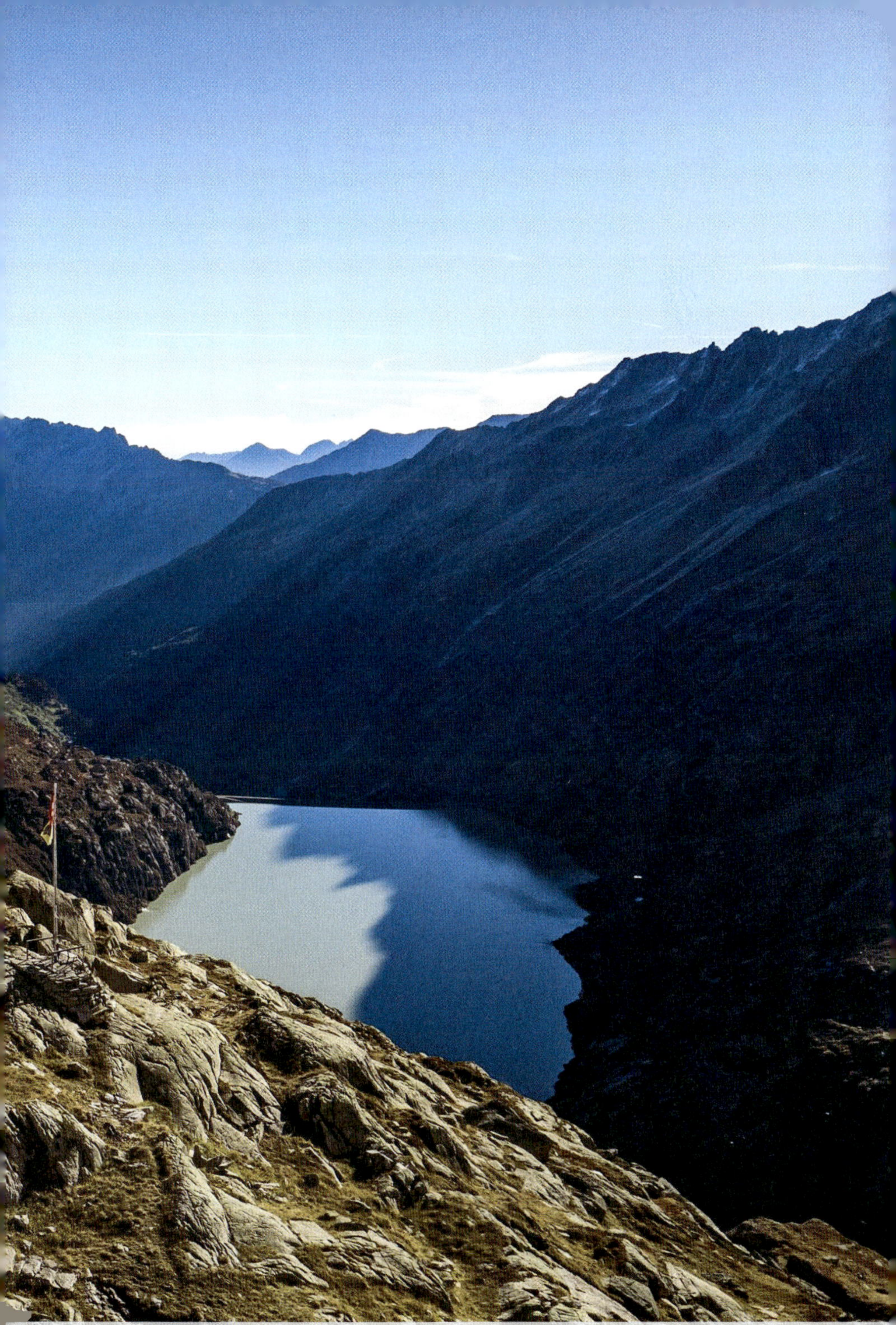

DAMMAHÜTTE SAC (2439 m)

Bergwanderhütte zuhinterst im Göschenertal, am Fusse des Dammastocks, des höchsten Urner Bergs. Das Haus hat seinen Ursprung an der Landesausstellung 1914, es wurde ein Jahr später in Einzelteile zerlegt und zum heutigen Standort transportiert. Die Hütte blieb in ihrem Charakter erhalten – Wolldecken im Schlafsaal. Und: Es gibt in der Küche keinen Wasseranschluss, wie damals wird das Wasser in Kesseln hereingetragen und vor dem Gebrauch abgekocht.

Hütte bewartet

Jan	Jul
Feb	Aug
Mär	Sep
Apr	Okt
Mai	Nov
Jun	Dez

Schlafplätze: 20

+41 41 885 17 81

info@dammahuette.ch

www.dammahuette.ch

E 2'678'020 / N 1'166'460

▲ *Die über 100-jährige Dammahütte SAC ist Besitz der SAC-Sektion Pilatus.*

▲ *Geselliges Hüttenleben.*

DIE HIGHLIGHTS

Auf dem Hüttenweg
- Ab der Göscheneralp bestehen drei verschiedene Zustiege, die zu einer abwechslungsreichen Wanderung kombiniert werden können.

Rund um die Hütte
- Wunderschönes alpines Ambiente unterhalb des Dammastocks, des mit 3637 Metern höchsten Gipfels im Urnerland
- Wer übernachtet, geniesst das behutsame Einnachten nahe den Gletschern und Gipfeln.

Essen & Trinken
- Älplermagronen nach Hüttenart
- An bestimmten Tagen im Angebot: der Lammaburger mit Lammfleisch aus dem Tal
- Feine selbst gebackene Kuchen

Tipp
Die Ruhe in der Bergwelt geniessen

▲   *Der Lammaburger.*

▲ *Das Hüttenteam sorgt auch für feine Desserts.*

DER ZUSTIEG

🚶 Von der Göscheneralp (südlich um den Stausee)
📶 T2   ↗ 2 h 30 min, 760 Hm   ↘ 100 Hm

Der Weg über den Staudamm und dem südlichen Ufer des Göscheneralpsees entlang ist der kürzeste Aufstieg zur Dammahütte SAC. An heissen Tagen geniesst man hier am Morgen noch lange den angenehmen Schatten. Im Abstieg zur Dammareuss verliert man einige Höhenmeter, die auf dem steilen Schlussstück hoch zur Hütte aber wieder schnell kompensiert sind.

Göscheneralp – Älpergen – Dammahütte SAC
Vom Hotel Dammagletscher (1782 m) wandert man über die Staudammkrone an das Stauseesüdufer. Der Weg überquert den Bach bei Älpergen (1926 m) und erreicht bei Planggen einen ersten Kulminationspunkt (ca. 2050 m). Etwas absteigend geht es nun zur Brücke über die Dammareuss (1967 m). Von hier steil im Zickzack nordwestwärts zur Hütte.

Die Wanderung nördlich um den Göscheneralpsee ist mit 3 Stunden und 800 Höhenmetern leicht länger. Die Schwierigkeit beträgt ebenfalls T2. Die Kombination beider Wege ergibt eine abwechslungsreiche Rundwanderung.

Information
Die Dammahütte SAC wird 2025/2026 umgebaut, um die Wasserversorgung und die Platzverhältnisse zu verbessern. Während des Umbaus sind die angepassten Öffnungszeiten zu beachten: www.dammahuette.ch.

Anreise

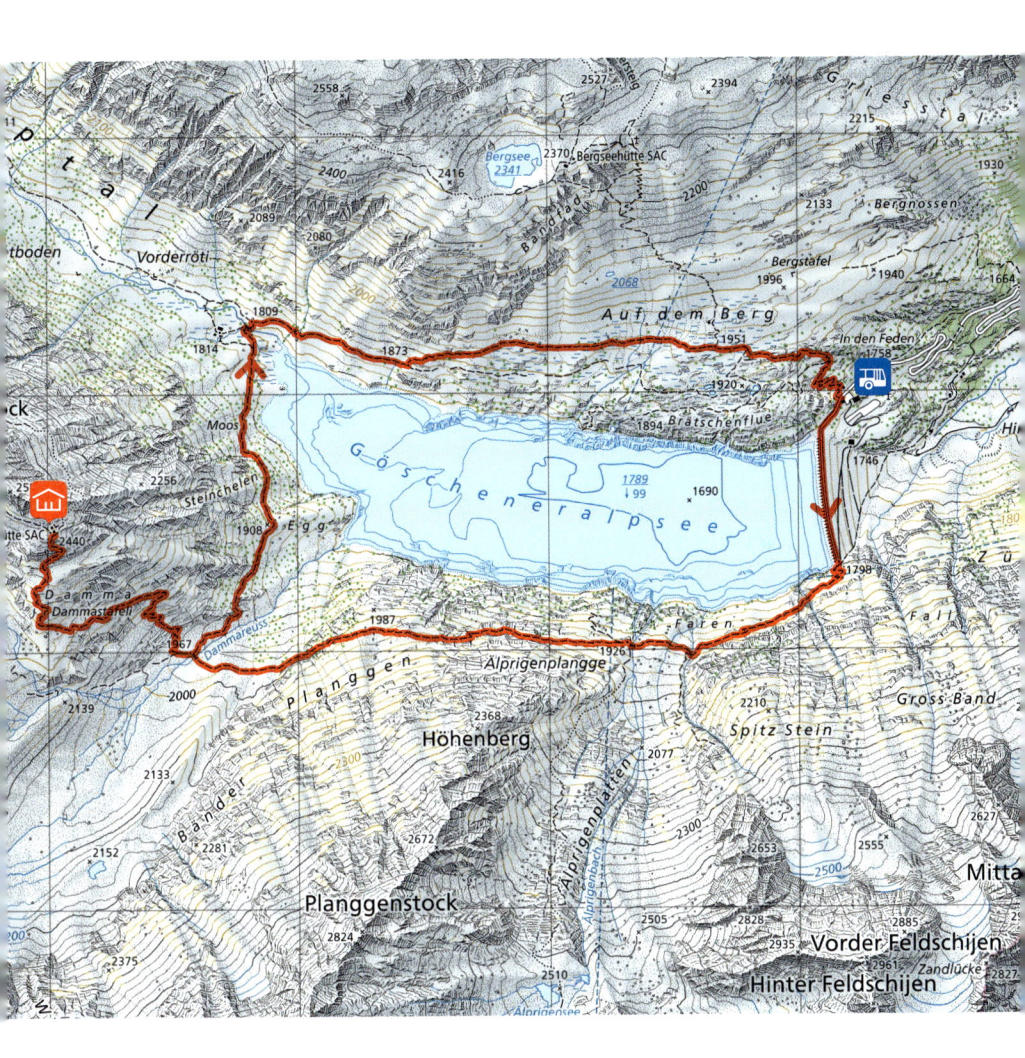

Mit dem Zug via Andermatt nach Göschenen. Mit dem Bus bis zur Endhaltestelle Göscheneralp, Dammagletscher. Busbetrieb nur im Sommerhalbjahr. Reservation nötig.

Karte und Route ▲

Karten

LK 1:25 000, Blatt 1231   Urseren
LK 1:50 000, Blatt   255   Sustenpass

BERGSEEHÜTTE SAC
2370 m

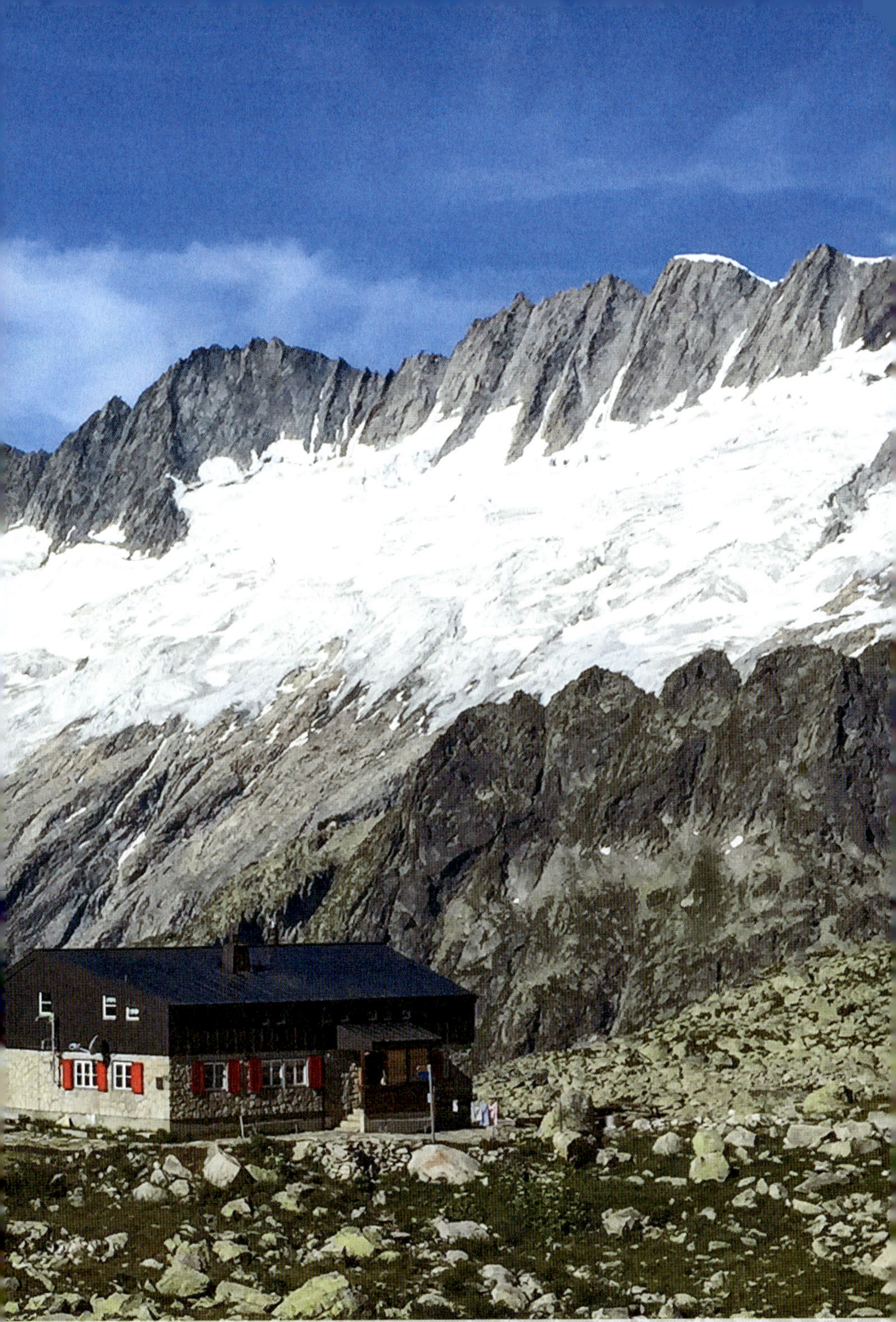

BERGSEEHÜTTE SAC (2370 m)

Die Hütte über dem Göscheneralpsee, mit Blick zum Dammastock, eignet sich als Tagesausflug. Magischer Anziehungspunkt für Gross und Klein ist der Bergsee unterhalb der Hütte – ein Bad ist im Hochsommer herrlich erfrischend. Ansonsten stehen in diesem Gebiet das Klettern in bestem Granit und das Begehen von Klettersteigen hoch im Kurs.

Schlafplätze: 65

+41 41 885 14 35

huettenwart@bergsee.ch

www.bergsee.ch

E 2'680'080 / N 1'167'890

Hütte bewartet

Jan	Jul
Feb	Aug
Mär	Sep
Apr	Okt
Mai	Nov
Jun	Dez

▲ Der Bergsee liegt direkt neben der gleichnamigen SAC-Hütte.

▲ Bekannt für seine Klettersteige. Hier im Klettersteig Krokodil.

DIE HIGHLIGHTS

Auf dem Hüttenweg
- Abwechslungsreicher Weg für Gross und Klein, kombinierbar mit dem kleinen Klettersteig Schijen Zwärg
- Hochmoor mit kleinen Seen

Rund um die Hütte
- Der glasklare Bergsee lädt im Sommer zum Baden ein.
- Klettergärten, Mehrseillängen, Plaisirrouten, Klettersteig Krokodil
- Gegenüber der Bergseehütte SAC: der Planggenstock, bei dem 2005 die riesige, 300 Kilogramm schwere Kristallgruppe entdeckt wurde (ausgestellt im Naturhistorischen Museum Bern)

Essen & Trinken
- Rösti-Varianten, Käseschnitte
- Hüttenkuchen und Nussgipfel

Tipp: Erfrischung im Bergsee, Klettersteige

DER ZUSTIEG

🥾 **Von der Göscheneralp**

.ıl T2   ↗ 1 h 30 min, 590 Hm

Die Göscheneralp als touristischen Leckerbissen zu preisen, wäre wie Eulen nach Athen tragen. Beim Aufstieg zur Bergseehütte kommt die Schönheit des Tals aber erst so richtig zur Geltung. Der Tiefblick auf den smaragdgrünen Göscheneralpsee und das umwerfende Panorama der Winterberge machen die Aufstiegsmühen in den zahlreichen Kehren unter dem Bergkreuz allemal wett.

Göscheneralp – Bergseehütte SAC
Vom Hotel Dammagletscher (1782 m) folgt man dem guten Weg auf den flachen, sumpfigen Boden bei «Auf dem Berg» (1951 m) und steigt nordwärts in zahlreichen Kehren hinauf zum markanten Kreuz. Ist dieses steile Stück einmal geschafft, steht man schon bald auf der Hüttenterrasse und kann die Aussicht so richtig geniessen.

▲ *Im Zickzack bergan: der Zustieg zur Bergseehütte SAC.*

Anreise

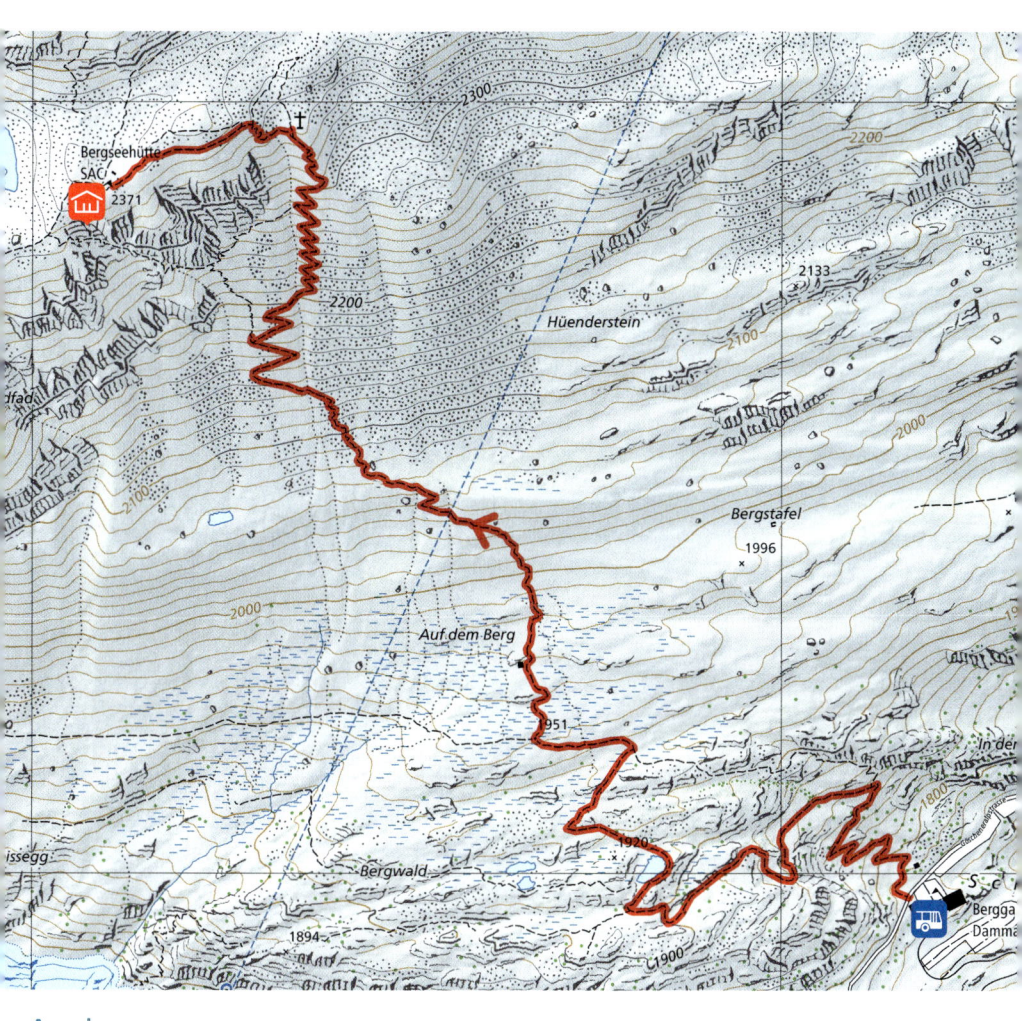

Mit dem Postauto vom Bahnhof Göschenen nach Göscheneralp, Dammagletscher. Fährt siebenmal täglich von Ende Juni bis Mitte Oktober. Busbetrieb nur im Sommerhalbjahr, Reservation nötig.

Karte und Route ▲

Karten

LK 1:25 000, Blatt 1231 Urseren
LK 1:50 000, Blatt 255 Sustenpass

SALBITHÜTTE SAC
2105 m

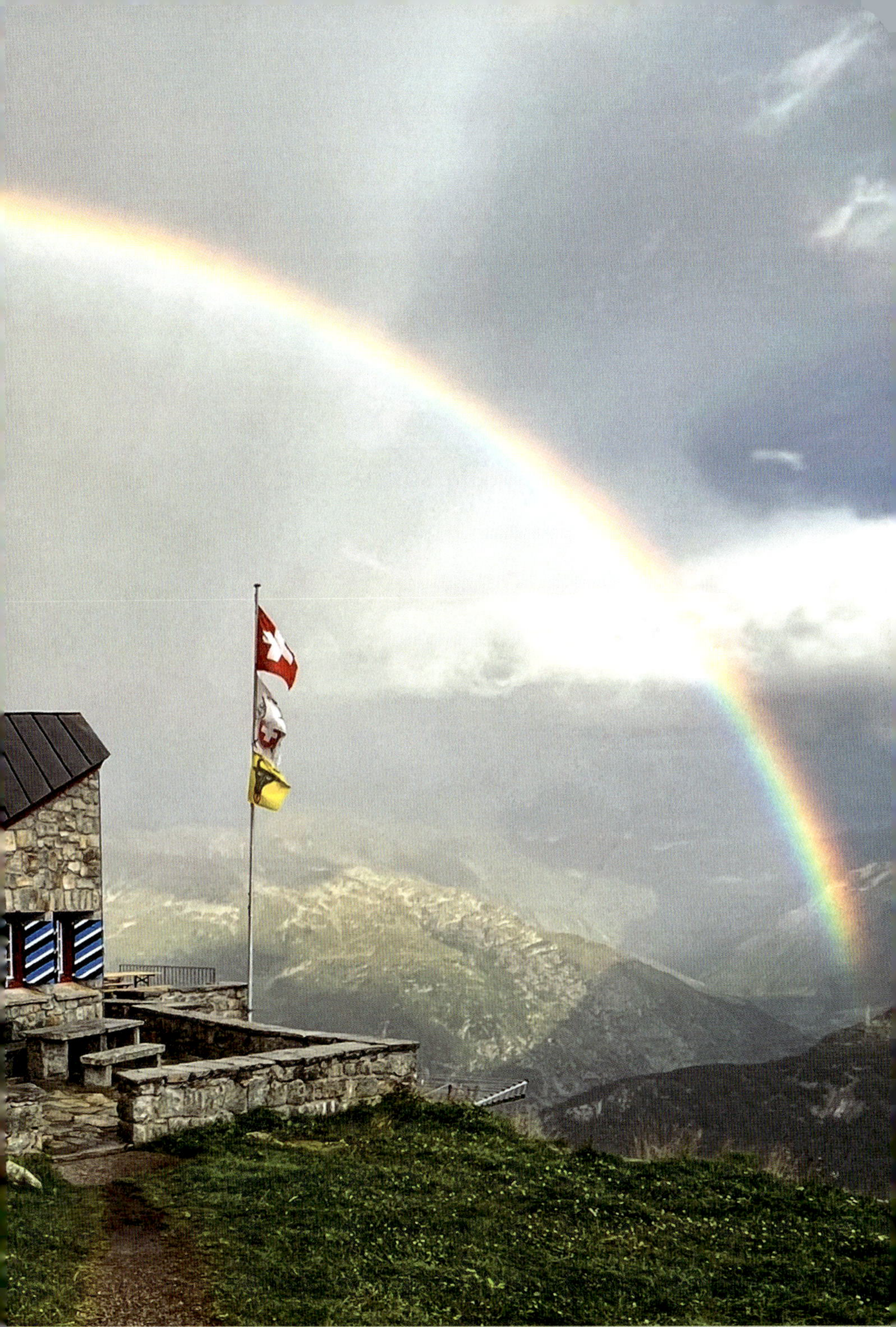

SALBITHÜTTE SAC (2105 m)

Scharfkantige Grate, gewaltige Türme, Überhänge, Plattenschüsse – das sind die Merkmale der Granitkletterberge um den Salbitschijen. Mit dem Feldstecher kannst du gemütlich von der Terrasse aus die Seilschaften beobachten. Die Kletter- und Alpinwanderhütte mit dem runden Essraum ist Ausgangspunkt des anspruchsvollen alpinen Fünf-Hütten-Panoramawegs im Göschenertal.

Hütte bewartet

Jan	Jul
Feb	Aug
Mär	Sep
Apr	Okt
Mai	Nov
Jun	Dez

Schlafplätze: 58

+41 41 885 14 31

info@salbit.ch

www.salbit.ch

E 2'685'180 / N 1'170'080

▲ *Der Hüttenzustieg ist bei Nebel mystisch.*

▲ *Auf der Hüttenterrasse kühlt der feine Früchtekuchen aus und wartet auf die Geniessenden.*

DIE HIGHLIGHTS

Auf dem Hüttenweg
- Leckere Heidelbeeren für Naschpausen unterwegs
- Zuerst eine Abkühlung oder direkt zur Hütte? Diese Frage stellt sich kurz vor der Hütte. Der Abstecher zum glasklaren Gruebenseeli verlängert die Wanderung um ca. 10 Minuten.

Rund um die Hütte
- Wunderbare Blicke ins Göschenertal und auf die spitzen Granitzacken rundum
- In Hüttennähe gibt es eine Vielzahl Klettergärten und Mehrseillängenrouten für jedes Niveau.

Essen & Trinken
- Hüttenrösti mit Raclettekäse und Tomaten, Fondue, Yak- oder Geisskäse
- Selbst gemachte Früchtekuchen

Tipp
Ausblick auf das Kletterparadies Salbitschijen

▲ Das Hüttenseeli mit Blick auf den Salbit.

▲ Die Salbithütte SAC ist im Besitz der SAC-Sektion Lindenberg und bietet 58 Schlafplätze.

▼ Nach der Abkühlung im See oder der kräftigen Hüttenrösti tut ein Urner Kräutertee gut.

DER ZUSTIEG

🚶 Von Ulmi

.ıl T2   ↗ 2 h 30 min, 900 Hm

Der perfekt ausgebaute und mit Hunderten von Eisenbahnschwellen und Steinplatten versehene Wanderweg führt in sehr direkter Linie zum Regliberg hoch. Der weitere Weg durch den lichter werdenden Wald erlaubt schöne Einblicke ins Urserental und ins tief unten liegende Göschenertal mit dem grandiosen Abschluss der Winterbergkette.

Ulmi – Regliberg – Salbithütte SAC

Von der Postautohaltestelle Ulmi (dort befindet sich auch ein Parkplatz) steigt der Weg gegen Norden durch lichten Wald an und erreicht den Regliberg (1680 m). Nun weiter durch den Wald ansteigen und anschliessend westwärts zur Salbithütte SAC.

▲ *Der Aufstieg führt durch eine wunderschöne Hochmoorlandschaft.*

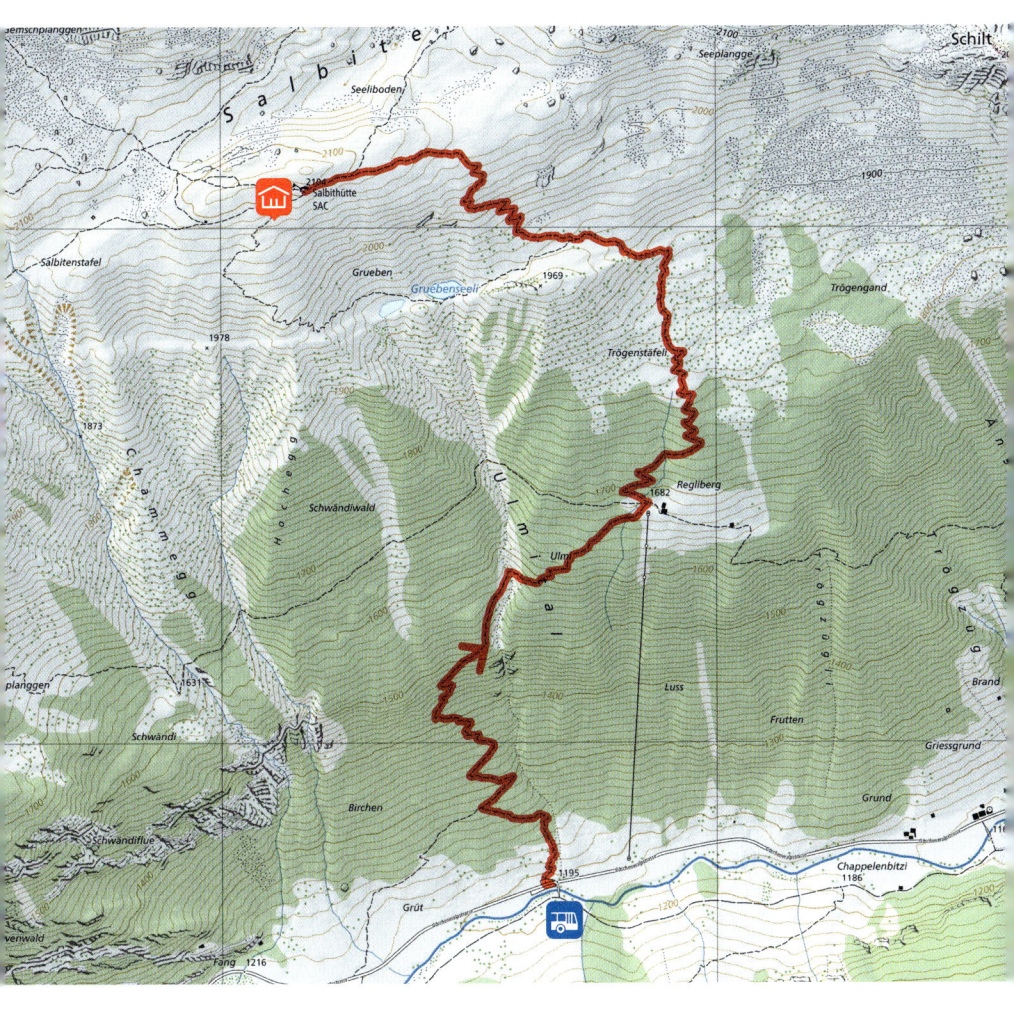

Anreise
Vom Bahnhof Göschenen mit dem Postauto bis zur Haltestelle Göschenen, Grit. Das Postauto fährt siebenmal täglich von Ende Juni bis Mitte Oktober. Reservation nötig.

Karte und Route ▲

Karten
LK 1:25 000, Blatt 1211   Meiental
LK 1:50 000, Blatt   255   Sustenpass

ALBERT-HEIM-HÜTTE SAC
2542 m

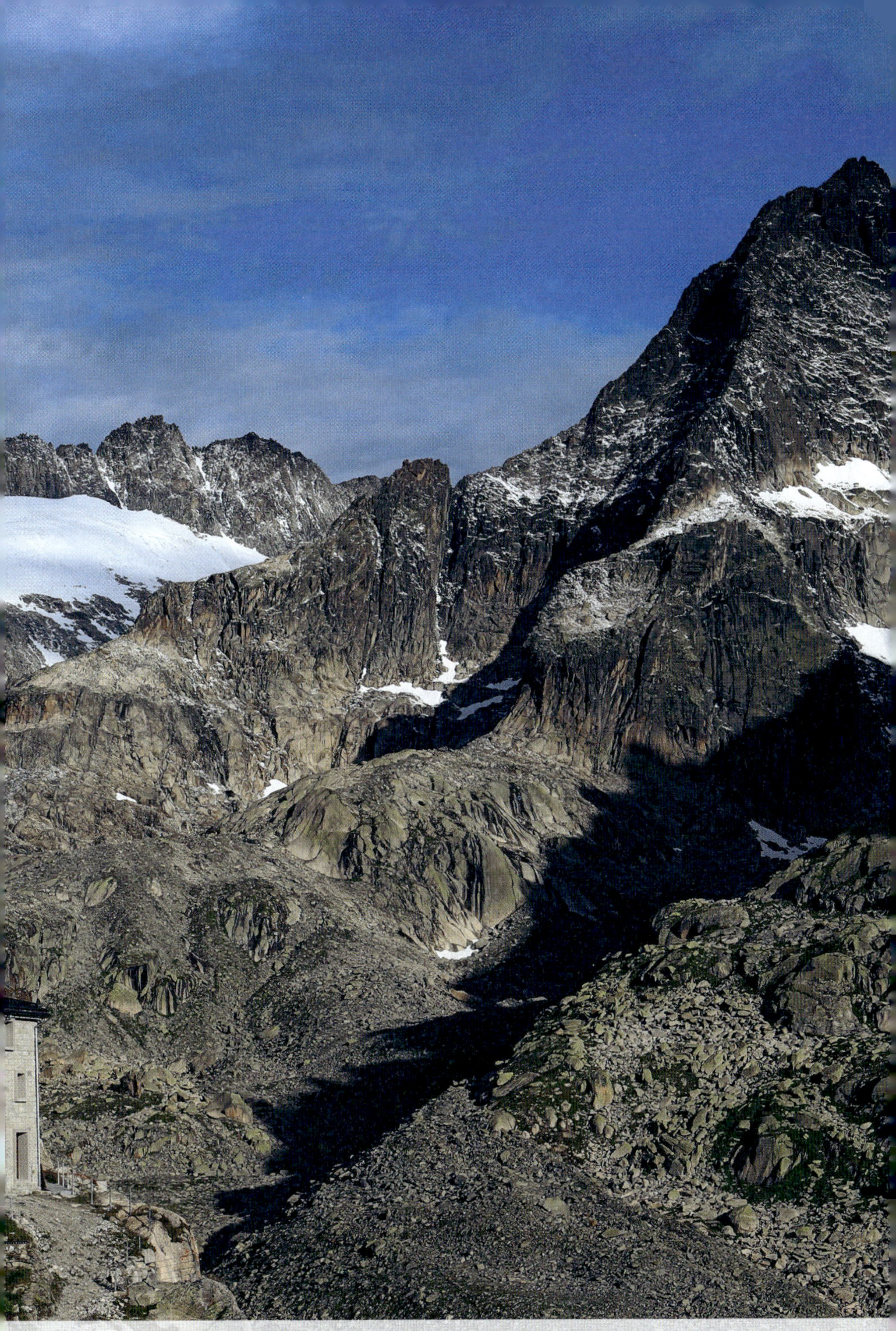

ALBERT-HEIM-HÜTTE SAC (2542 m)

Albert Heim war passionierter Alpenforscher, Geologe und Ehrenmitglied des SAC. Die nach ihm benannte Hütte liegt auf einem markanten Felskopf im Gebiet des Furkapasses, am Fusse des Tiefengletschers und im Banne des Galenstocks. Sie ist bei Familien, Berggängern und Tagesbesuchern sehr beliebt. Doch auch Kletterrouten im griffigen Granit, der Höhenweg über dem Urserental sowie Ski- und Schneeschuhtouren im Winter bieten sich an.

Hütte bewartet

Jan	Jul
Feb	Aug
Mär	Sep
Apr	Okt
Mai	Nov
Jun	Dez

Schlafplätze: 64

📞 +41 41 887 17 45

✉ info@albertheimhuette.ch

www.albertheimhuette.ch

🧭 E 2'678'515 / N 1'162'474

▲ Eine Wanderung für Gross und Klein in der imposanten Bergwelt der Albert-Heim-Hütte SAC.

▲ *Der Sonnenaufgang lässt sich am besten auf dem nahen Schafberg geniessen.*

DIE HIGHLIGHTS

Auf dem Hüttenweg
- Diverse Wandervarianten sorgen für einen abwechslungsreichen Zu- und Abstieg.

Rund um die Hütte
- Sonnenaufgang erleben auf dem Schafberg. Kurze Wanderung (T2, 20 min). Stirnlampe mitnehmen.
- Jassturnier an jedem ersten Dienstag im Monat (Juli bis Oktober). Mit Deutschschweizer Karten.

Essen & Trinken
- Monatlicher Freitagsschmaus mit einem 5-Gang-Gourmet-Menu

Tipp
Imposante Zentralschweizer Berglandschaft

DER ZUSTIEG

🥾 **Vom Tiefenbach**

📊 T2   ↗ 1 h 30 min, 430 Hm

Der breite und problemlose Wanderweg erlaubt schon bald einen fantastischen Blick auf das Becken des Tiefengletschers mit seinem imposanten Wächter, dem Galenstock. Gleichzeitig erblickt man auch die wie ein Adlerhorst auf einem markanten Felskopf sitzende Albert-Heim-Hütte SAC. Wer noch mehr von der tollen Umgebung erleben möchte, wählt die Variante über den Schafberg und geniesst so einen tollen Panoramaweg, der direkt zur Hütte führt. Liebhaber von schäumenden Gebirgsbächen kommen bei der zweiten Variante entlang dem Tiefenbach voll auf ihre Kosten.

Tiefenbach – Tätsch – Albert-Heim-Hütte SAC

Vom Hotel Tiefenbach führt der gut ausgeschilderte Wanderweg in Richtung Albert-Heim-Hütte SAC bis zum Parkplatz Tätsch bei P. 2272. Dieser Abschnitt kann auch auf taxpflichtiger Strasse (Fr. 10.– pro Tag; jeder weitere Tag Fr. 2.–) mit dem Auto zurückgelegt werden. Der breite Wanderweg wird bis zu einer Verzweigung (2400 m) verfolgt. Hier hat man die Wahl: Der links wegführende Pfad (als «Leichter Hüttenweg» beschildert) dauert etwas länger als der direkte Weg rechter Hand.

Variante: Via Schafberg

Nach dem ersten steileren Abschnitt auf dem breiten Hüttenweg folgt nach einem kurzen Flachstück der gut beschilderte Abzweiger zur Variante via Schafberg. Die als «Weg über die Stöck» bekannte und weiss-rot-weiss markierte Route (T3) führt über die Ochsenalp zum Schafberg und nun absteigend direkt zur Albert-Heim-Hütte SAC.

Variante: Dem Tiefenbach entlang

Vom Hotel Tiefenbach folgt man dem markierten Wanderweg und überquert schon bald die taxpflichtige Naturstrasse zum Tätsch. Nun weiter gegen Südwesten ansteigend, gelangt man zum schäumenden Tiefenbach und folgt diesem bis in den zauberhaften Geländekessel des Älpetli. Ein kurzes Steilstück führt nun in das grosse Gletschervorfeld südlich der Albert-Heim-Hütte SAC, wo man schon bald auf den breiten Hüttenweg trifft, der zur Hütte hochzieht.

Anreise

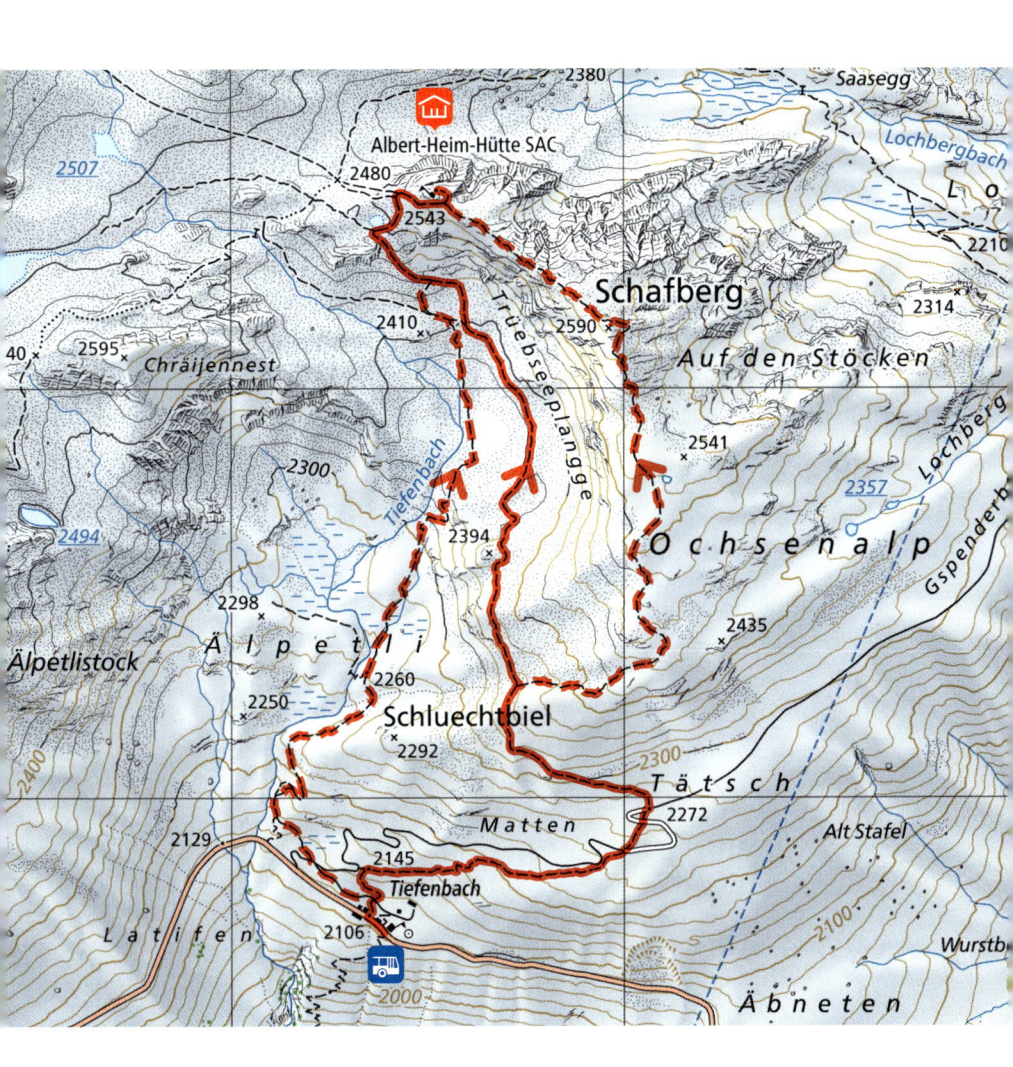

Mit dem Zug via Wallis nach Realp oder via Luzern und Göschenen nach Andermatt. Von Andermatt respektive Realp mit dem Bus bis zur Haltestelle Tiefenbach (Furka). Busbetrieb nur im Sommerhalbjahr.

Karte und Route ▲

Karten

LK 1:25 000, Blatt 1231   Urseren
LK 1:50 000, Blatt   255   Sustenpass

LEUTSCHACHHÜTTE SAC
2208 m

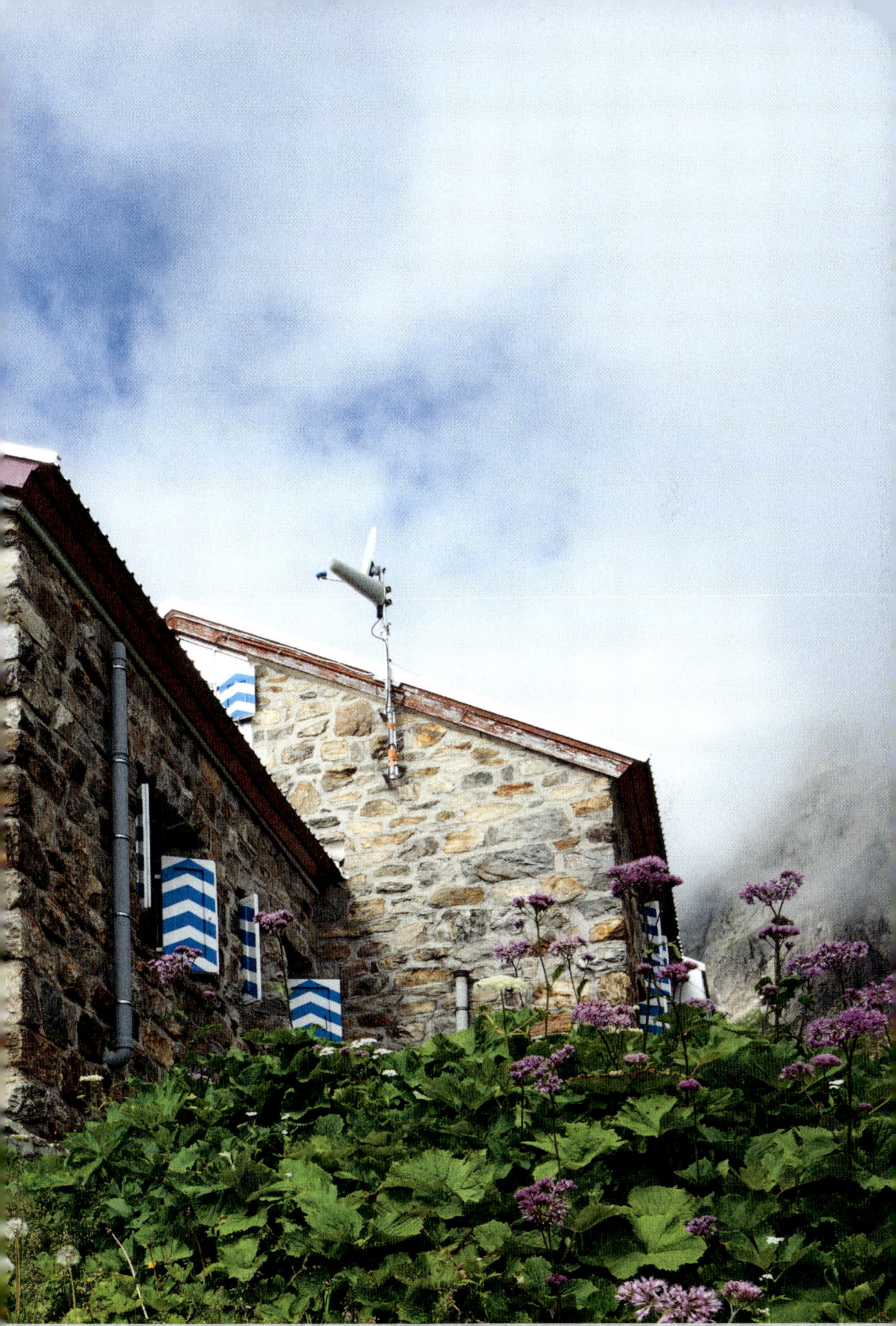

LEUTSCHACHHÜTTE SAC (2208 m)

Die Leutschachhütte war 1939 als «Clubhütte SAC» an der Landesausstellung zu sehen und wurde ein Jahr später an ihren heutigen Standort im Hochtal westlich von Amsteg transportiert. Teile des Aufenthaltsraums sind bis heute im ursprünglichen «Landi-Stil» gehalten. Der nahe gelegene, smaragdgrüne Obersee lädt zum Bade. Auch einen Kneipp-Pfad gibt es. Sehr originell ist der Einstieg der Kletterrouten von einem Floss aus.

Hütte bewartet

Jan	Jul
Feb	Aug
Mär	Sep
Apr	Okt
Mai	Nov
Jun	Dez

Schlafplätze: 60

📞 +41 41 883 15 17

🖥 www.leutschachhuette.ch

🧭 E 2'688'770 / N 1'182'039

▲ *Schon kurz nach dem Start erreicht man den ersten See, den Arnisee.*

▲ *Der Naturlehrpfad informiert über Flora und Fauna im Leitschachtal.*

DIE HIGHLIGHTS

Auf dem Hüttenweg
- Nahe der Bergstation: der Arnisee, ein herrlicher Badesee über dem Reusstal. Schöne Grillstelle mit Brennholz.
- Kurz vor der Hütte: der Nidersee, für eine Abkühlung nach der Wanderung für Unerschrockene (Temperatur auch im Sommer unter 10 Grad!)

Rund um die Hütte
- Kneippen im Obersee nahe der Hütte
- Klettergarten für Familien

Essen & Trinken
- Gluschtige Älplermagronen
- Selbst gebackenes Brot zum Frühstück

Tipp
Drei erfrischende Bergseen

▲ *Der tiefblaue Nidersee mit dem Mäntliser in der Bildmitte. Rechts auf der Graskuppe erkennt man die Leutschachhütte SAC.*

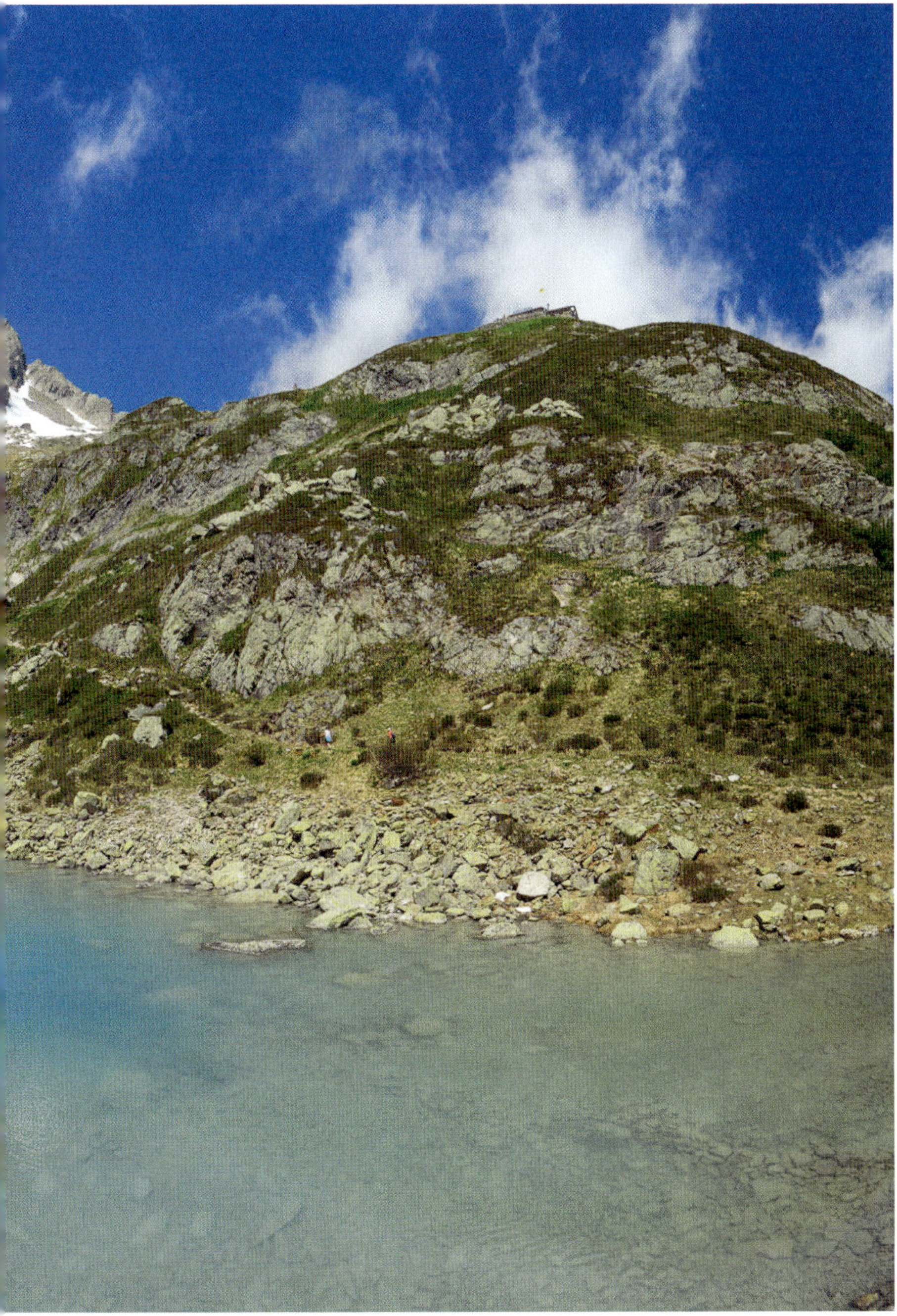

DER ZUSTIEG

🥾 Vom Arnisee über den Nidersee

📶 T2 ↗ 2 h 30 min, 850 Hm

Auf der gemütlichen Wanderung dem Leitschachbach entlang entdeckt man die stark von Alpwirtschaft geprägte Landschaft von Leitschach. Der nun steiler werdende Anstieg zum Nidersee ist beim Erreichen seines Ufers rasch vergessen. Die intensiven und faszinierenden Blautöne sorgen beim Anblick des idyllischen Gewässers für wahre Begeisterung. Vom Nidersee fehlt nur noch ein kurzes Wegstück bis zur wohlverdienten Einkehr in der Leutschachhütte SAC.

Arnisee – Nidersee – Leutschachhütte SAC

Von Intschi mit der Luftseilbahn zum Arnisee (1368 m). Der gut markierte Weg führt auf dem breiten Strässchen bis zum Torli (1383 m). Hier beginnt der schöne Wanderweg durch das Tal von Leitschach über Chäserli, Bödemli und Leutschach zum Nidersee (2091 m). Vom See über ein paar Kehren hinauf zur Leutschachhütte SAC.

▲ *Die Hütte der SAC-Sektion Zimmerberg thront über dem wilden Leitschachtal.*

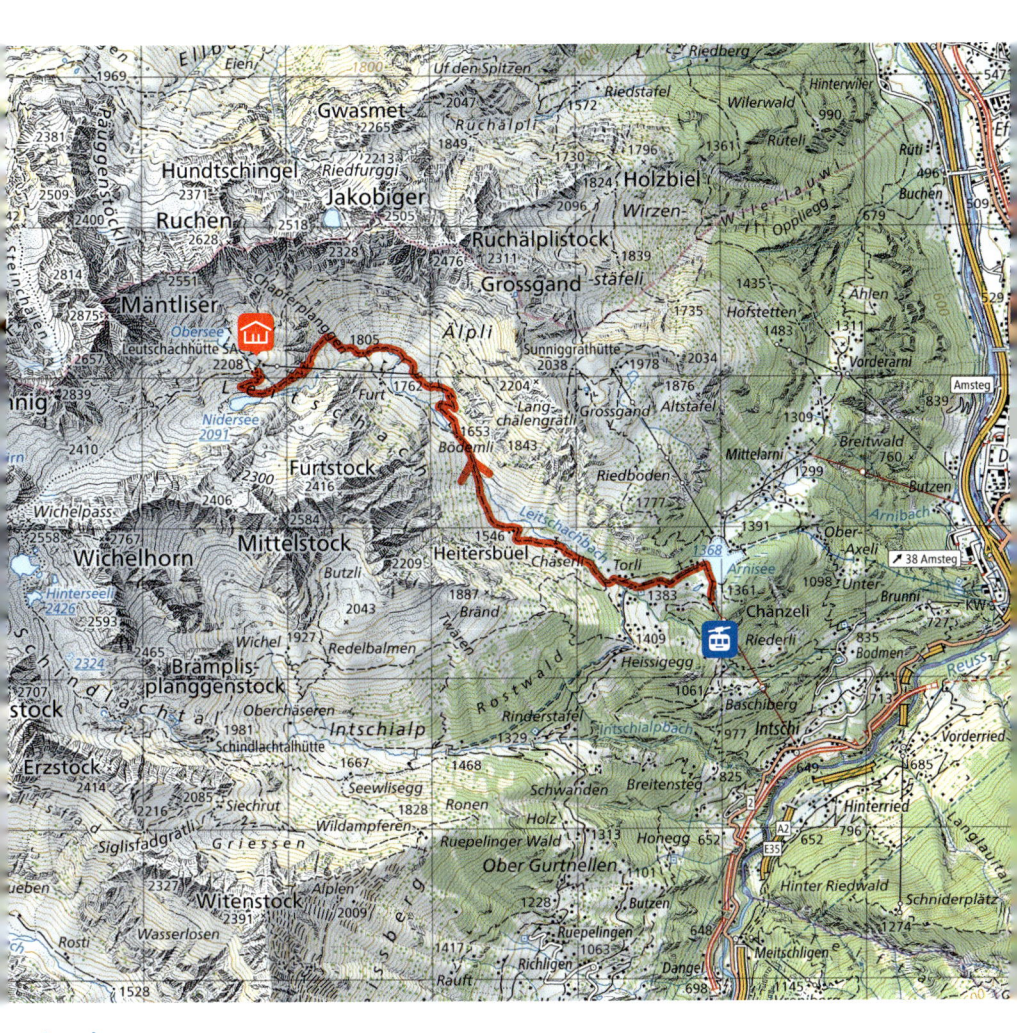

Anreise
Mit dem Zug nach Erstfeld, von dort mit dem Postauto nach Intschi, Seilbahn. Die Seilbahn Intschi-Arnisee fährt im Juni, Juli, August von 6.35 bis 18.55 Uhr. Ausserhalb der bedienten Zeiten fährt sie mit Jetons, die an der Berg- und Talstation gelöst werden können. Parkplätze gibt es unterhalb der Talstation.

Karte und Route ▲

Karten
LK 1:25 000, Blatt 1191 Engelberg
LK 1:50 000, Blatt 245 Stans

TRESCHHÜTTE SAC
1475 m

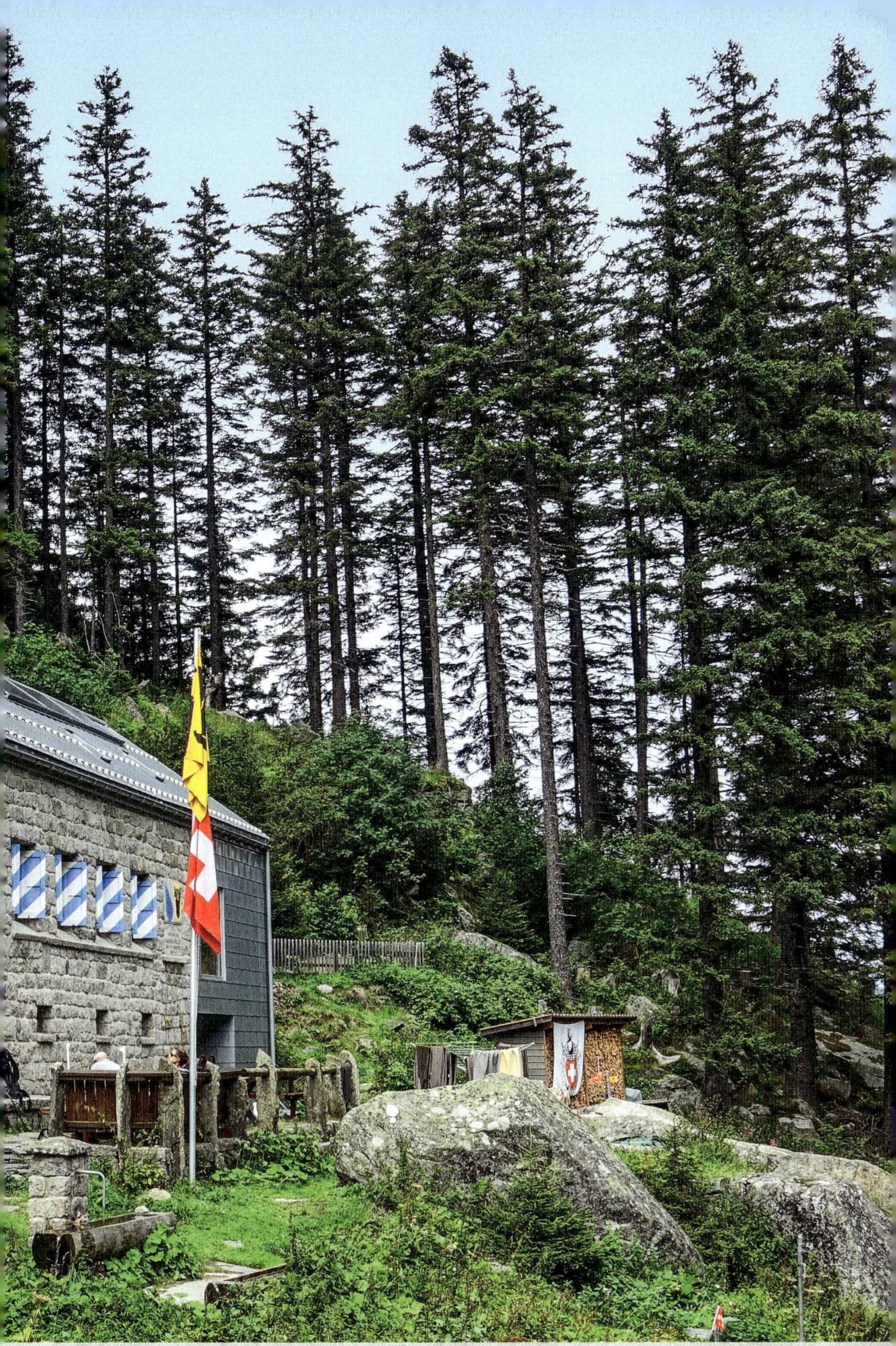

TRESCHHÜTTE SAC (1475 m)

Klein, tief, aber oho: Aufgrund ihrer Lage auf 1475 Metern ist die Treschhütte SAC bereits früh bewartet. Im wildromantischen Urner Fellital gelegen, bietet sie urchige Gemütlichkeit in der Stube, aber auch einen modernen Anbau. Dank zwei Familienzimmern fühlen sich Eltern mit Kindern hier zu Hause. Die SAC-Hütte wird von Freiwilligen bewartet.

Schlafplätze: 32

📞 +41 79 416 43 55

💻 reservation@treschhuette.ch

www.treschhuette.ch

🧭 E 2'692'570 / N 1'174'870

Hütte bewartet

Jan	Jul
Feb	Aug
Mär	Sep
Apr	Okt
Mai	Nov
Jun	Dez

▲ Der Badestrand am Fellibach unweit der Treschhütte SAC.

▲ Die Treschhütte SAC bietet viele Spielmöglichkeiten.

DIE HIGHLIGHTS

Auf dem Hüttenweg
- Gut geeignet für einen gemütlichen Tagesausflug und für Familientouren
- Je nach Saison bereichern leckere Heidelbeeren den Aufstieg zur Hütte.

Rund um die Hütte
- Der Fellibach hinter der Hütte sorgt für Abkühlung und Strandfeeling in den Bergen.
- Auf der Alp Vorder Waldi (10 min von der Treschhütte SAC entfernt) werden im Sommer feiner Käse, Rahm und Butter produziert.

Essen & Trinken
- Ein eingespieltes Team von freiwilligen Hüttenwartinnen und Hüttenwarten sorgt für feine Mahlzeiten.

Tipp: Hüttenerlebnis schon früh in der Saison möglich

DER ZUSTIEG

🚶 **Von Gurtnellen (Fellital) über Felliberg**

📶 T2   ↗ 2 h 30 min, 750 Hm

Auf diesem Zustieg ist der munter quirlende Fellibach ein ständiger und gern gesehener Begleiter. Er entwässert das lang gezogene Fellital, dessen unterster Teil auf dieser Route durchwandert wird. Ab Unterfelliberg wird der Weg schmaler und interessanter. Der wahre Genuss beginnt aber nach dem Oberfelliberg: Kühle Tannenwälder, sprudelnde Bergbäche und die wildromantischen Alpstafel Hütten und Ronen stehen auf dem Programm.

Gurtnellen (Güetli) – Felliberg – Treschhütte SAC
Von der Bushaltestelle Fellital bei Güetli (711 m) durch die Unterführung der Autobahn A2 und weiter auf dem Fahrsträsschen bis kurz vor den Unterfelliberg. Nun auf dem Wanderweg zum Oberfelliberg, von wo der einfache Pfad ins vordere Fellital hineinzieht. Weiter dem Weg folgend über Hütten (1262 m) und Ronen (1362 m) zur Treschhütte SAC, die unvermittelt aus dem Wald auftaucht.

▲ *Der Aufenthaltsraum im neueren Anbau.*

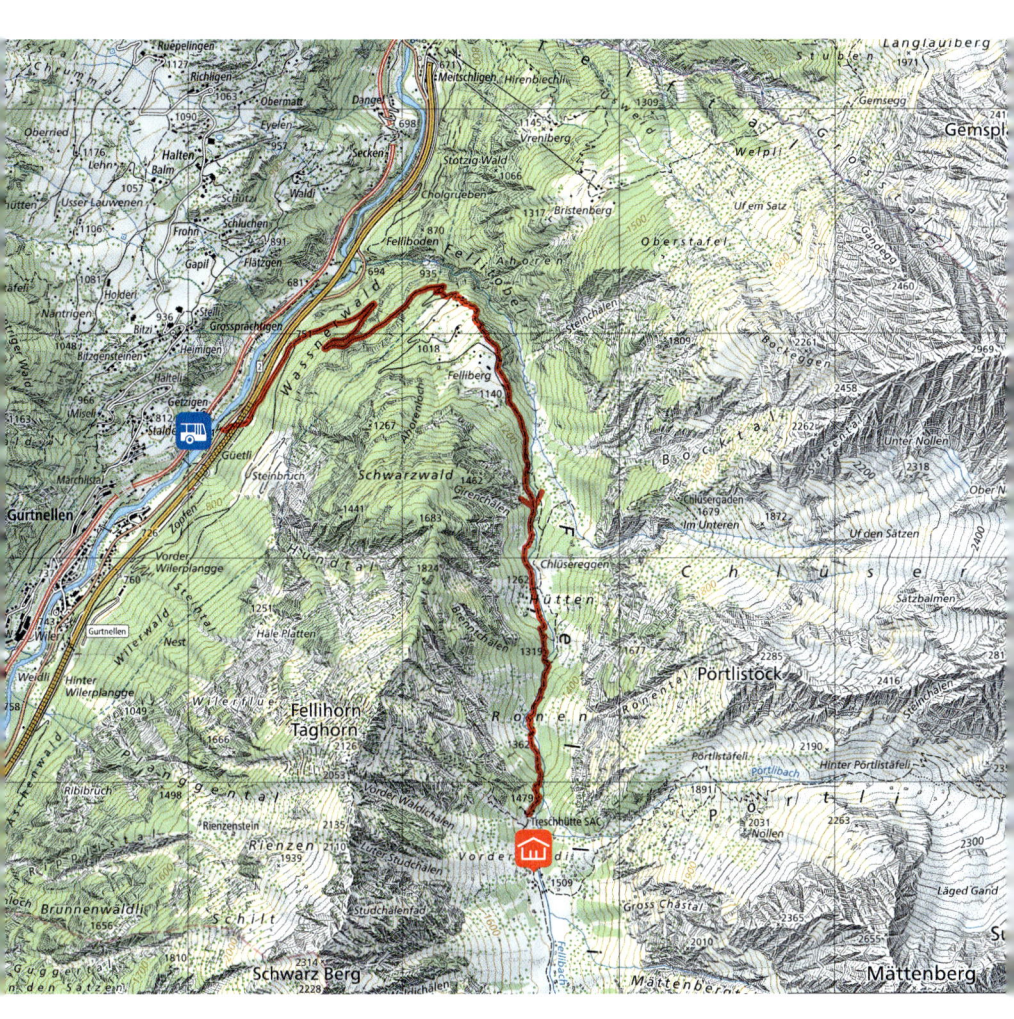

Anreise
Bus ab Göschenen oder Erstfeld bis Haltestelle Gurtnellen, Fellital. Das AlpenTaxi Uri (Telefon 079 665 58 81) fährt bis Oberfelliberg (1140 m), frühzeitig reservieren! Wanderzeit ab Oberfelliberg 1 h 15 min.

Karte und Route ▲

Karten
LK 1:25 000, Blatt 1212 Amsteg
LK 1:50 000, Blatt 256 Disentis

Treschhütte SAC | 271

LIDERNENHÜTTE SAC
1727 m

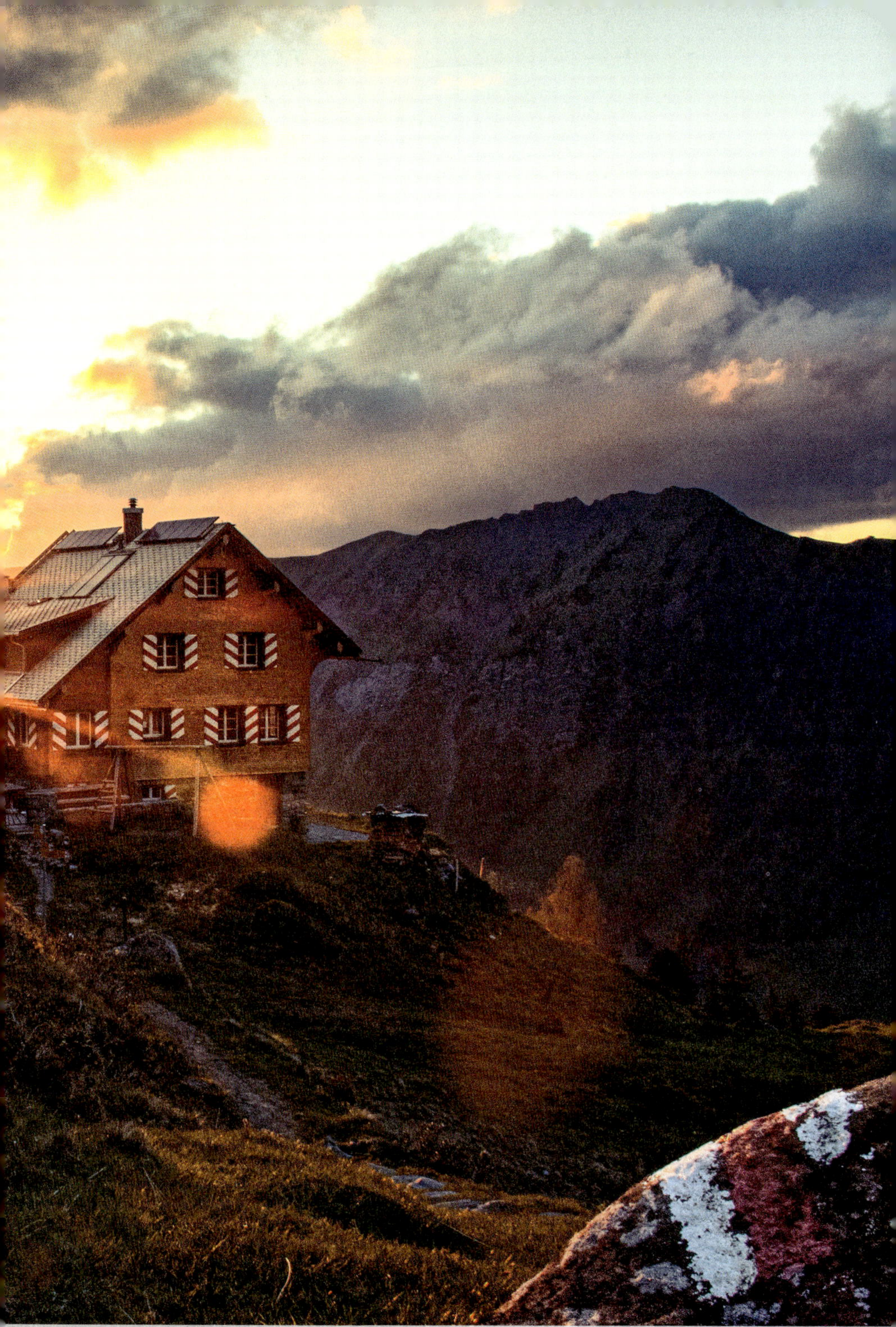

LIDERNENHÜTTE SAC (1727 m)

Die Holzchalet-Hütte im wenig bekannten Riemenstaldner Tal ist geeignet für Tagesausflüge, Gruppen, Familienfeiern und auch für Bergsportaktivitäten sommers wie winters. Die Lidernenhütte SAC ist Ausgangspunkt für einfache Besteigungen und interessante Übergänge Richtung Muotatal, Schächental, Urnersee und zum Spilauer Bergsee. Schon die Fahrt mit der Freiluft-Seilbahn Chäppeliberg-Spilau zum Ausgangspunkt des Hüttenzustiegs ist ein tolles Erlebnis.

Hütte bewartet

Jan	Jul
Feb	Aug
Mär	Sep
Apr	Okt
Mai	Nov
Jun	Dez

Schlafplätze: 87

📞 +41 41 820 29 70

💻 info@lidernen.ch

www.lidernen.ch

🧭 E 2'695'500 / N 1'199'000

▲ *Ein Erlebnis: die Fahrt mit der offenen Vierer-Luftseilbahn Chäppeliberg – Spilau.*

▲ Schön aufgedeckt, so ist man willkommen in der Lidernenhütte SAC.

DIE HIGHLIGHTS

Auf dem Hüttenweg
- Sehr kurzer und angenehmer Zustieg von der Bergstation Gitschen

Rund um die Hütte
- Spilauer See, 40 Minuten wandern ab der Hütte
- Wunderschönes Karstgebiet rund um die Hütte mit vielen Klettermöglichkeiten
- Die Entdeckung der Hundstockhöhle, Kraxelerfahrung nötig, 20 Minuten ab Bergstation

Essen & Trinken
- Gekocht wird mit unverarbeiteten Zutaten aus der Region.
- Sehr beliebt: Rösti aus frischen Kartoffeln
- Grosse Auswahl an hausgemachten Backwaren

Tipp
Fahrt in der kleinen, offenen Gondel

▲ *Der wunderschön gelegene Spilauer See erreicht man in 40 Minuten ab der Lidernenhütte SAC.*

▲ Westwand des Rossstock mit Wanderern und Gipfelkreuz.
Dies ist der meistbegangene Gipfel, auch im Winter.

DER ZUSTIEG

🥾 **Von der Bergstation Gitschen**

📊 T1   ↗ 15 min, 30 Hm

Dank der Seilbahn vom Käppeliberg zur Bergstation Gitschen auf Lidernen wird der Anstieg zur Lidernenhütte SAC zu einem Katzensprung.

Gitschen, Bergstation – Lidernenhütte SAC
Von der Bergstation der Luftseilbahn Käppeliberg–Gitschen ostwärts auf gutem Weg zur Hütte. In einer knappen Viertelstunde steht man bereits auf der schön gelegenen Hüttenterrasse.

Variante: Vom Käppeliberg
Wer statt mit der Luftseilbahn lieber zu Fuss zur Lidernenhütte SAC aufsteigt, findet im ersten Teil des steilen Anstiegs kühlenden Schatten im Broholzwald. Dabei überquert man von der Talstation der Luftseilbahn Käppeliberg den Riemenstaldner Bach und folgt dem Weg über eine Steilstufe zum ersten Mast der Seilbahn. Weiter oben wird das Gelände offener und der Weg verläuft über Alpgelände zur schön gelegenen Hütte. T2, 1 h 30 min, 550 Höhenmeter Aufstieg.

▲ *Schmal Stöckli, rechts im Bild die Hütte.*

Anreise

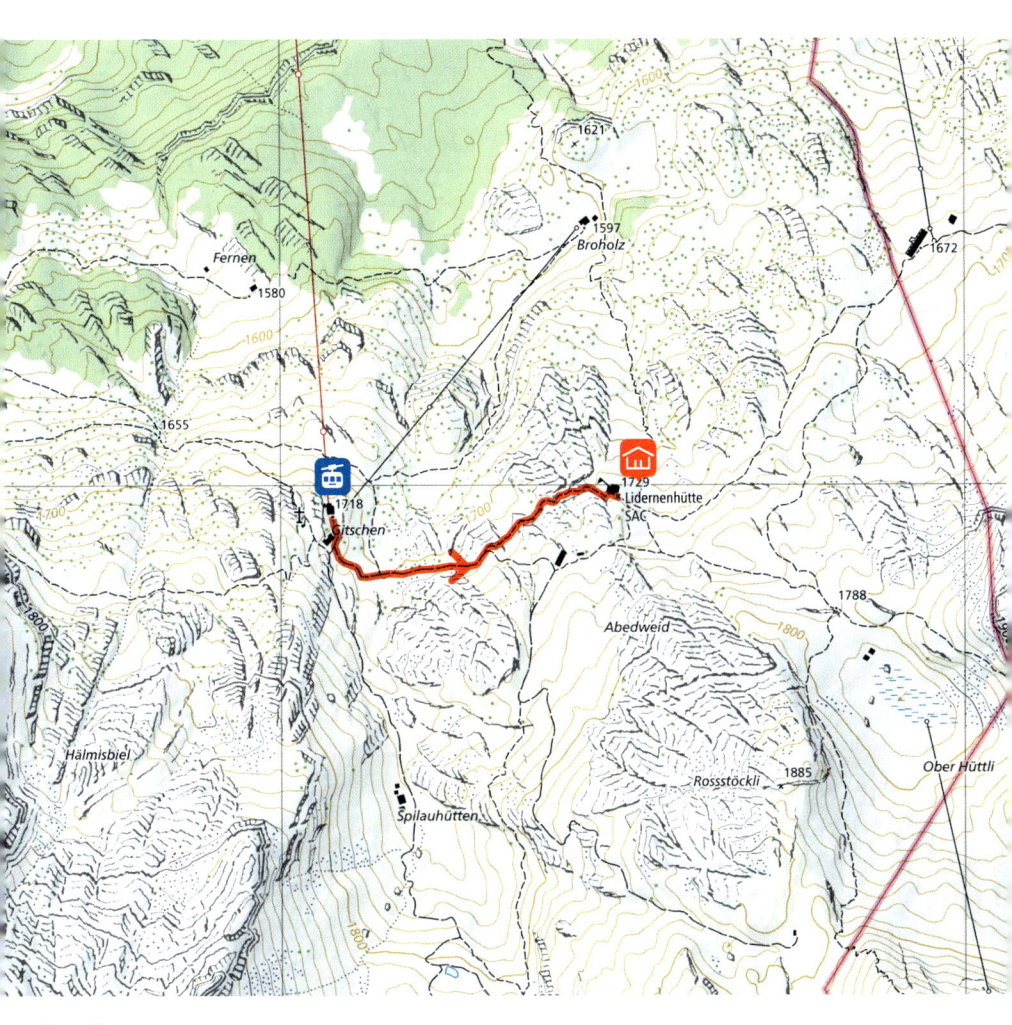

Vom Bahnhof Sisikon mit dem Postauto nach Riemenstalden, Chäppeliberg. Weiter mit der Luftseilbahn Chäppeliberg–Spilau zur Bergstation Gitschen. Verkehrt von Juni bis Oktober, an schönen Tagen oft grosse Auslastung, www.spilau.ch.

Karte und Route ▲

Karten

LK 1:25 000, Blatt 1172 Muotatal
LK 1:50 000, Blatt 246 Klausenpass

GLATTALPHÜTTE SAC
1898 m

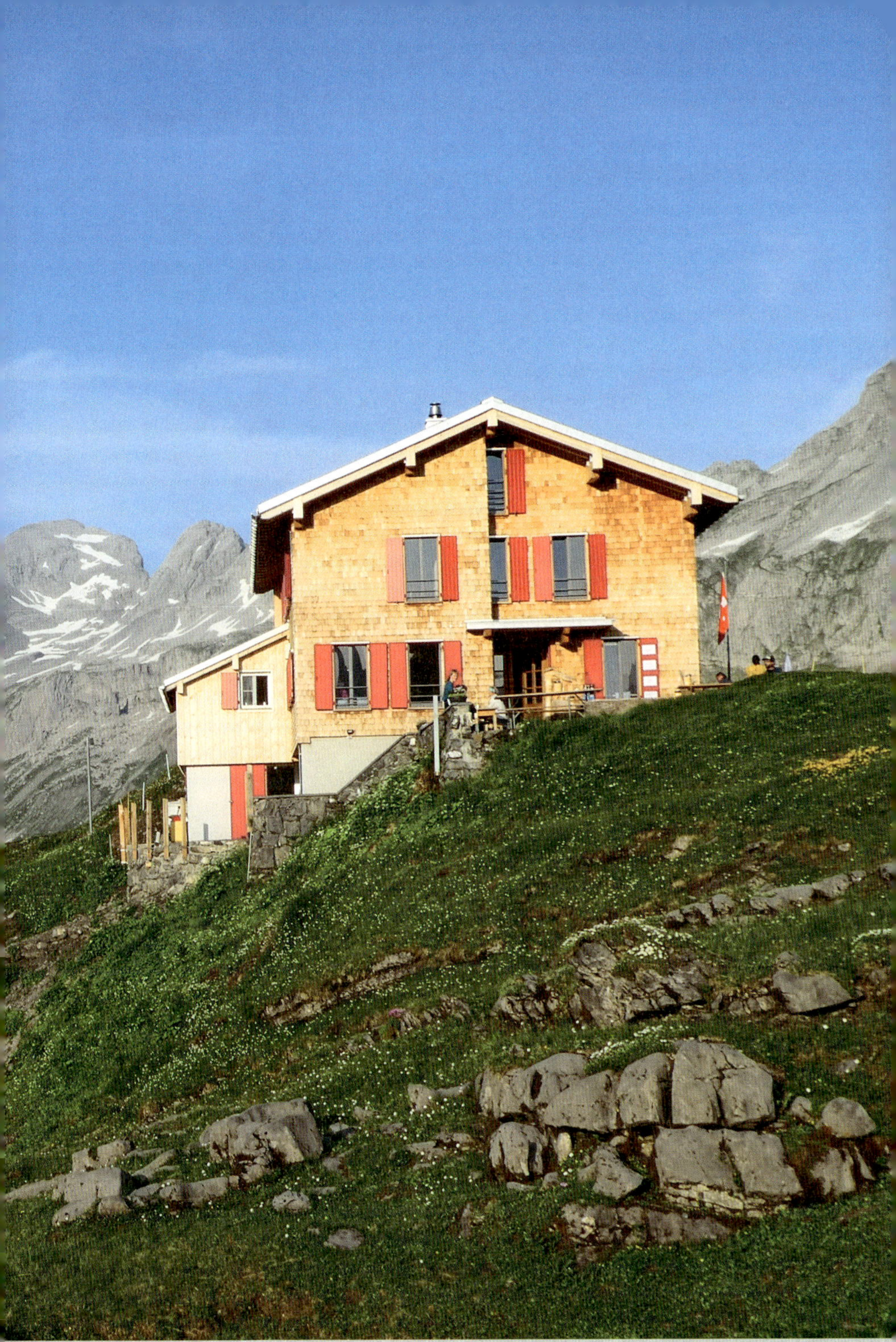

GLATTALPHÜTTE SAC (1898 m)

Berggasthaus, Unterkunft für Wanderer, für Geniesser und Familien. Zuhinterst im Bisistal, im Quellgebiet der Muota, zwischen Schwyz und Glarus. Die Hütte befindet sich in grüner Umgebung, mitten im grössten Schrattenkalkgebiet der Schweiz. Eine kleine Seilbahn führt aus dem Talgrund zur Glattalp. Ausgedehnte Wandermöglichkeiten und Passübergänge Richtung Braunwald oder Klöntal.

Hütte bewartet

Jan	Jul
Feb	Aug
Mär	Sep
Apr	Okt
Mai	Nov
Jun	Dez

Schlafplätze: 51

☎ +41 41 830 19 39

✉ sacglattalp@bluewin.ch

www.glattalphuette.ch

⊘ E 2'709'410 / N 1'197'200

▲ *Die Glattalphütte SAC bietet Schlafplätze für 51 Personen.*

▲ Der Hüttenweg ab Saliboden ist gut ausgebaut.

DIE HIGHLIGHTS

Auf dem Hüttenweg
- Erfrischung beim Märenbrunnen und beim Blindseeli

Rund um die Hütte
- Geheimtipp der Hüttenwartin: Beim Bächli neben der Hütte fliesst das Wasser über die warmen Steine – ein erfrischender Genuss!
- Auf der weitläufigen Alp tummeln sich sehr viele Tiere wie Pferde, Kühe, Rinder, Kälber, Ziegen, Schafe und Schweine.
- Wanderung zum Glattalpsee, Wanderzeit ab Hütte ca. 30 Minuten

Essen & Trinken
- Selbst gemachte Kuchen: Linzertorte und Schoggi-Kokos-Kuchen und vieles mehr

Tipp: Weitläufige Alp, Erfrischung im nahen Bach

▲ *Glattalpsee in der Morgendämmerung: links Höch Turen, rechts Ortstock und in der Bildmitte die Furggele, der Übergang nach Braunwald.*

DER ZUSTIEG

🥾 Von Saliboden (Bisistal)

📶 T2   ↗ 2 h, 750 Hm

Von der Ebene des Sali zur Hochebene der Glattalp – dazwischen liegt ein kurzweiliger Aufstieg über Alpweiden und durch die interessante Karstlandschaft bei Mütschen. Beim Märenbrunnen ob der Alp Milchbüelen sollte man kurz rasten. Tief aus dem Berg lässt hier eine Quelle reines und kraftvolles Wasser ans Tageslicht sprudeln: ein wahrer Genuss!

Saliboden – Mütschen – Glattalphütte SAC
Vom Parkplatz beim Saliboden (1146 m) steigt man auf dem markierten und sehr gut ausgebauten Hüttenweg über Läcki und Mütschen zur Glattalphütte SAC hoch.

Variante: Mit der Luftseilbahn Sahli-Glattalp
Von der Bergstation dem Wanderweg folgend in 10 Minuten recht kurz, aber recht steil zur Hütte hoch.

▲ *Die Kuh posiert wie für ein Gemälde …*

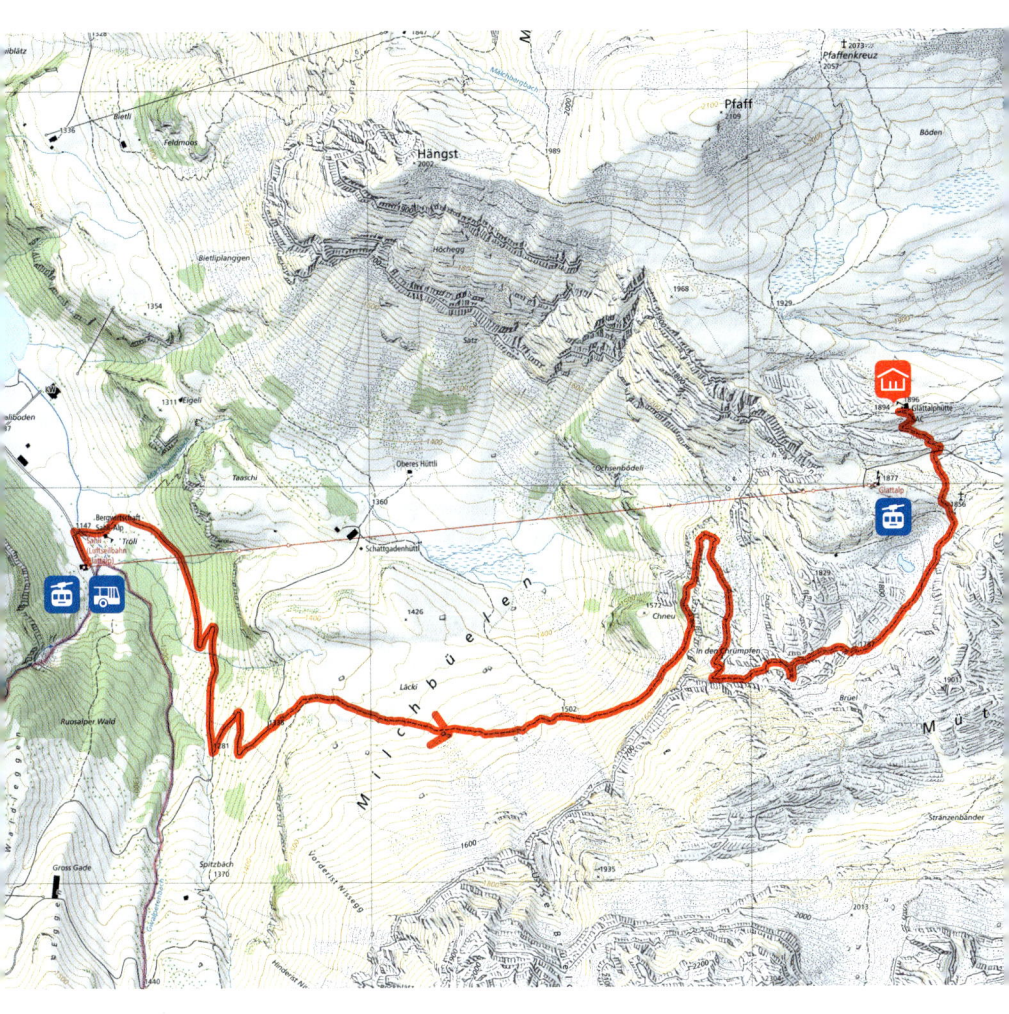

Anreise
Vom Bahnhof Schwyz mit dem Bus nach Muotathal, Post, und weiter nach Bisisthal, Sahli Seilbahnstation. Busbetrieb nur im Sommerhalbjahr. Alternativ www.alpentaxi.ch. Parkplätze gibt es bei der Talstation. Die Luftseilbahn Sahli-Glattalp fährt von Anfang Juni bis Mitte Oktober im Halbstundentakt.

Karte und Route ▲

Karten
LK 1:25 000, Blatt 1173   Linthal
LK 1:50 000, Blatt   246   Klausenpass

BILDNACHWEIS

Affolter, Christian: 170, 272, 277, 278
Arnold, Carla und Roberto: 132, 133, 134
Biner, Franziska: 153
Bischof, Regula und Marco / Canova, Marco: 92, 94, 95, 96, 98
Bitschnau, Esther: 40, 41, 42
Brunni-Bahnen Engelberg AG: 172, 174, 175, 176, 177
Coulin, David: 118, 160, 232
Delang, Ulrich: 119
Fähndrich, Pius: 276
Fullin, Toni: 242
Gehri, Mathias: 164
Gehrig, Ursi: 204, 206, 207, 208, 209, 210, 211
Gisler, Remo: 196, 198, 199, 200, 201
Glacier 3000: 110, 112
Gonnet, Yannick: 86, 89
Gwerder, Franziska: 280, 282, 286
Herger, Monika und Sepp: 214, 216, 217, 218, 219
Hug, Nicolas: 116
Jentsch, Christian: 262
Joss, Fredy: 24, 27 oben, 122, 124
Kamber, Andrin: 230, 233, 234, 235
Künzli, Claudia: 180, 182, 183, 184, 185, 186
Lippuner, Fabian: 35 oben, 35 unten
Mathyer, Andreas: 125, 126, 127
Ott, Andy: 188, 190, 193
SAC-Sektion Altels: 20, 54, 56, 57, 58, 59
Sager, Christoph: 46, 48, 49, 51
Salzmann, Barbara: 238, 240
Schärer, Marjolein und Trutmann, Martin: 224, 225, 226, 227
Schläppi, Peter: 22
Schmid, Renata: 138, 139, 140, 141
Schulthess Zettel, Monica / Zettel Martin: 38, 222, 258, 261, 284
Schwaiger, Heidi: 19, 25, 26, 27 unten, 34, 72, 73, 116, 144, 147, 150, 241, 252, 254, 255, 260, 264, 266, 268, 269
Schwaiger, Marcel: 274
Schweizer Alpen-Club SAC: 30, 32, 33, 108, 111, 152, 191, 270, 275
Schweizer, David: 100, 102, 103, 104, 136, 146, 156, 158, 159
Stettler, Elio: 130
Stoos-Muotatal Tourismus, Ali Cinek: 283
Wäfler, Barbara und Christian: 70, 74, 75
Walker, Richard: 244, 246, 247, 248, 249, 250
Weber Verlag: 90
Weiner, Maxi: 78, 80, 81, 82, 83
Wenger, Fritz: 62, 64, 65, 66, 67
www.melodysky.com: 166, 167